DeSPerta,
ISRAEL!

"O sol se tornará em trevas,
e a lua em sangue,
antes que venha o grande e temível
dia do SENHOR. E todo aquele que invocar
o nome do SENHOR será salvo,
pois, conforme prometeu o SENHOR,
no monte Sião e em Jerusalém
haverá livramento
para os sobreviventes,
para aqueles a quem o SENHOR chamar."
(Joel 2:31-32)

DESPERTA, ISRAEL!

Dr. Jaerock Lee

URIM
BOOKS

DESPERTA, ISRAEL! por Dr. Jaerock Lee
Publicado por Livros Urim (Representante: Seongkeon Vin)
361-66, Shindaebang-Dong, Dongjak-Gu, Seul, Coréia do Sul
www.urimbooks.com

Nenhuma parte deste livro pode ser reproduzida, arquivada ou transmitida
por qualquer meio – eletrônico, mecânico, fotocópias, etc. – sem a devida
permissão escrita dos editores.

Os textos das referências bíblicas foram extraídos da Bíblia de Nova Versão
Internacional (NVI), salvo indicação específica.

Copyright © 2013 por Dr. Jaerock Lee
ISBN: 978-89-7557-755-0
Copyright © 2009 de Tradução por Dra. Esther K. Chung. Utilizado sob
permissão.

Primeira Edição em maio de 2013

Editado por Geumsun Vin
Design criado pelo Editorial da Livros Urim
Impresso pela Yewon Printing Company
Para mais informações, entre em contato: urimbook@hotmail.com

Prefácio

No início do século 20, uma série de eventos significativos aconteceram na improdutiva terra da Palestina, onde ninguém desejava viver naquela época. Os judeus que haviam sido espalhados em toda a Europa Ocidental, Rússia e em todo o globo começaram então a se reunir na terra onde abundavam cactos, pobreza, fome, doenças e tormentos.

Apesar de uma alta taxa de mortalidade advinda da fome e da malária, os judeus não perderam a fé nem a ambição, mas começaram a construir kibbutz (um lugar onde se trabalha em Israel, como uma fazenda ou uma fábrica, onde os trabalhadores vivem juntos e dividem todos os deveres e renda adquirida). Enfim, como Theodor Herzl, fundador do zionismo moderno, havia dito: "Se quiserem, não será uma lenda", a restauração de Israel tornou-se uma realidade.

Em todos os sentidos, a restauração de Israel era considerada um sonho impossível de ser concretizado porque ninguém queria acreditar nele. Os judeus, entretanto, realizaram tal sonho e, com o nascimento do Estado de Israel, eles, miraculosamente, recuperaram sua nação pela primeira vez depois de aproximadamente 1.900 anos.

O povo de Israel, apesar da perseguição e tormento de séculos enquanto vivia em terras que não eram suas, agarrou-se à sua fé, cultura e língua, melhorando-as cada vez mais. Depois da fundação do Estado moderno de Israel, eles cultivaram suas terras inférteis e focaram no desenvolvimento de várias indústrias que permitiram com que sua nação se juntasse aos países desenvolvidos. Trata-se de um povo forte e valente, que prosperou em meio a constantes desafios e ameaças à sua sobrevivência como nação.

Depois de fundar a Igreja Central Manmin em 1982, Deus me revelou, pela inspiração do Espírito Santo, algo importantíssimo sobre Israel, já que a sua independência é um sinal dos últimos dias e do cumprimento da profecia na Bíblia.

"Ouçam a palavra do SENHOR, ó nações, e proclamem nas ilhas distantes: 'Aquele que dispersou Israel o reunirá e, como pastor, vigiará o seu rebanho'"

(Jeremias 31:10).

Deus escolheu o povo de Israel a fim de revelar a Sua providência de ter criado e vir cultivando o homem. Antes de qualquer coisa, Deus fez de Abraão o "patriarca da fé" e estabeleceu Jacó, seu neto, como o fundador de Israel. Desde então Ele tem proclamado Sua vontade aos descendentes de Jacó e realizado a providência da cultivação da espécie humana.

Quando Israel creu na palavra de Deus e andou segundo a Sua vontade em obediência, desfrutou de grande glória e honra – maiores do que a de todas as nações. Quando, porém, se distanciou de Deus e foi desobediente a Ele, Israel sofreu e foi invadida, tendo seu povo obrigado a viver como vagabundos em todos os cantos da terra.

Entretanto, mesmo quando Israel enfrentou dificuldades por conta de seus pecados, Deus nunca o abandonou ou esqueceu. Israel sempre esteve sob o olhar de Deus através de Seu pacto com Abraão, e Ele nunca deixou de trabalhar por eles.

Sob a direção e o cuidado extraordinário de Deus, Israel como um povo foi sempre preservado, conquistou a independência e, mais uma vez, se tornou uma nação sobre todas as nações. Então, como o povo de Israel pôde ser preservado e por que Israel foi restaurado?

Muitos dizem: "A sobrevivência da nação judaica é um milagre". Uma vez que a magnitude das perseguições e opressão que os judeus sofreram durante a Diáspora excede a qualquer descrição ou imaginação, a história de Israel por si só já testifica a veracidade da Bíblia.

Contudo, na Segunda Vinda de Jesus Cristo, os judeus enfrentarão uma aflição e angústia ainda maiores do que as que já experimentaram. Entretanto, é óbvio que as pessoas que tiverem aceitado Jesus como seu Salvador serão arrebatadas e participarão do Banquete de Casamento com o Senhor. Mas aqueles que não O tiverem aceitado serão arrebatados, quando Ele voltar, e sofrerão nos Sete anos da Grande Tribulação.

"Pois certamente vem o dia, ardente como uma fornalha. Todos os arrogantes e todos os malfeitores serão como palha, e aquele dia, que está chegando, ateará fogo neles", diz o SENHOR dos Exércitos. "Não sobrará raiz ou galho algum" (Malaquias 4:1).

viii

Deus já me revelou detalhadamente as calamidades que estão para acontecer durante os sete anos da Grande Tribulação; e é por essa razão que eu tanto desejo que o povo escolhido de Deus, Israel, aceite logo Jesus, que caminhou sobre essa terra como seu Salvador há pouco mais de dois mil anos, para que nenhum deles seja deixado para trás em grande sofrimento.

No 25º aniversário da Igreja Central Manmin, eu escrevi uma obra dedicada aos judeus, com todas as respostas relacionadas à sua sede milenar pelo Messias e às suas questões de eras que são constantemente levantadas.

Que cada leitor deste livro possa guardar em seu coração a mensagem de amor desesperada de Deus e conhecer, sem demora, o Messias que Deus enviou à humanidade! Eu amo cada um de vocês de todo o meu coração.

Novembro de 2007
Na Casa de Oração Getsêmani

Jaerock Lee

INTRODUÇÃO

Agradeço primeiramente a Deus e Lhe dou toda a glória por ter nos guiado e abençoado para que publicássemos nos últimos dias *Desperta, Israel!* Esta obra foi publicada segundo a vontade de Deus, que anseia pelo despertar e salvação de Israel, e é organizada por Seu amor imensurável, que não quer perder nem uma alma sequer.

O Capítulo 1º, "Israel: O Escolhido de Deus", explora as razões pelas quais Deus decidiu criar e cultivar a humanidade na terra e o porquê de Sua providência de ter selecionado e governado o povo de Israel como seu eleito entre a história da raça humana. Esse capítulo também introduz os grandes patriarcas de Israel, assim como o Nosso Senhor, que veio a este mundo segundo a profecia que havia previsto a vinda do Salvador de todos os povos da casa de Davi.

Ao examinar as profecias bíblicas sobre o Messias, o Capítulo

2º, "O Messias Enviado por Deus", testemunha o fato de Jesus ser o Messias por Quem Israel ainda espera ansiosamente e, como de acordo com a lei do resgate da terra, Ele possui todas as características para ser o Salvador da humanidade. Depois, esse capítulo investiga como as profecias sobre o Messias do Velho Testamento foram cumpridas por Jesus e a relação entre a história de Israel e Sua morte.

O 3º capítulo, "O Deus Em Quem Israel Confia", examina o povo de Israel de perto que, por sua vez, obedece rigorosamente às leis e tradições; e lhes fala o que agrada a Deus. Ao lembrá-los de que eles se distanciaram da vontade de Deus por causa da tradição dos anciãos, o Capítulo também os exorta a compreender a verdadeira vontade de Deus ao ter-lhes apresentado a lei em primeiro lugar e a cumprirem-na com o amor.

Explorado no capítulo final, "Ouça e Assista!", está o nosso tempo, sobre o qual a Bíblia profetizou ser o "fim dos tempos"; a aparência iminente do anticristo; e um olhar geral sobre os Sete Anos da Grande Tribulação. O capítulo também pede ao povo de Israel para não perder a última oportunidade que possui para salvar, testemunhando dois segredos de Deus que foram preparados em Seu infinito amor, para que o povo escolhido pudesse alcançar a salvação nos momentos finais da cultivação humana.

Quando o primeiro homem, Adão, cometeu o pecado da desobediência e foi expulso do Jardim do Éden, Deus o colocou na terra de Israel. Desde então, durante toda a história da cultivação humana, Deus tem esperado por milhares de anos e ainda está fazendo-o, com esperança de ganhar os seus verdadeiros filhos.

Não há mais tempo para se perder ou desperdiçar. Que cada um de vocês possa entender que o tempo em que vivemos é de fato o tempo do fim e se preparar para receber o nosso Senhor, que voltará como o Rei dos reis e Senhor dos senhores. Em Seu nome, eu oro.

Novembro de 2007
Geumsun Vin, Editor Chefe

Conteúdo

Capítulo 3

O Deus Em Quem Israel Confia

Capítulo 4

Ouça e Assista!

"A estrela de Davi" um símbolo da comunidade judia, na bandeira de Israel.

Capítulo 1

ISRAEL: O ESCOLHIDO DE DEUS

O Começo da Cultivação da Espécie Humana

Moisés, um grande líder de Israel, que libertou seu povo da escravidão do Egito e os levou à Terra Prometida de Canaã, com a autoridade que Deus lhe concedera, deu início à Sua palavra no livro de Gênesis da seguinte forma:

"No princípio Deus criou os céus e a terra" (1:1).

Deus criou os céus e a terra e tudo que neles há em seis dias, descansando, abençoando e santificando o sétimo dia. Mas por que o Criador criou o universo e tudo que nele existe? Por que Ele criou o homem e permitiu que inúmeras pessoas, partindo de Adão, vivessem na terra?

Deus Procurava Aqueles com Quem Ele Pudesse Compartilhar Amor Mutuamente para Todo o Sempre

Antes da criação dos céus e da terra, o Poderoso Deus já existia na infinitude do universo, em forma de luz com som. Depois de muito tempo só, Deus quis ter aqueles com quem ele pudesse compartilhar o Seu amor eternamente.

Deus possuía não apenas uma natureza divina que O definia como Criador, mas também uma natureza humana, pela qual Ele sentia alegria, ira, sofrimento e prazer. Assim, Ele desejou dar e receber amor de outros. Ele se alegrou com as obras justas dos israelitas (Deuteronômio 10:15; Provérbios 16:7), mas se entristeceu e irou quando eles pecaram (Êxodo 32:10; Números 11:1, 32:13).

Há momentos em que queremos ficar sós, mas, na verdade, somos muito mais felizes e alegres quando temos um amigo com quem podemos compartilhar nosso coração. Como Deus possuía uma natureza também humana, Ele desejou ter aqueles a quem Ele daria Seu amor e cujo coração Ele entenderia e vice versa.

'Não seria maravilhoso e comovente ter filhos que pudessem compreender o Meu coração e com quem eu pudesse compartilhar e receber amor nesta vasta, mas profunda realidade?'

No tempo de Sua escolha, portanto, Deus elaborou um plano para obter filhos verdadeiros que O admirariam e procurariam agir de forma a agradar-Lhe. Para tal, Ele criou, não só o mundo espiritual, mas também o físico, no qual a humanidade iria viver.

Algumas pessoas, porém, devem se perguntar: 'Existem tantos anjos e hostes celestiais que são, antes de qualquer coisa, obedientes. Por que Deus procuraria problemas criando o homem?' Contudo, com exceção de alguns anjos, a maioria dos seres celestiais não possui a natureza humana, que tem o mais importante de todos os elementos necessários para dar e receber amor: o livre arbítrio, através do qual se fazem escolhas por conta própria. Os seres celestiais que não o possuem são como robôs; são obedientes ao receberem uma ordem, mas não sentem alegria, raiva, dor ou prazer. São incapazes de dar e receber amor de coração.

Imagine duas crianças. Uma delas, sem nunca expressar suas emoções, opiniões ou amor, é obediente e faz tudo o que lhe é pedido. A outra, embora desaponte seus pais de vez em quando devido a algumas escolhas que faz livremente, não hesita em arrepender-se de seus malfeitos, abraça amorosamente seus pais e expressa o que está em seu coração de diversas formas.

Dessas duas crianças, quem você preferiria? Tenho quase certeza de que escolheria a última. Mesmo que você tenha um robô que faça tudo em casa para você, você não vai preferir um robô a uma criança. Da mesma forma, Deus preferiu os homens que iriam obedecer-Lhe com alegria, com sua razão e emoções, a anjos e hostes celestiais semelhantes a robôs.

A Providência de Deus para Obter Filhos Verdadeiros

Depois de criar o primeiro homem, Adão, Deus criou o Jardim do Éden e permitiu que ele governasse sobre ele. Tudo corria bem no Jardim e Adão governava sobre todas as coisas com seu livre arbítrio e a autoridade que Deus lhe concedera. Entretanto, havia uma coisa que Deus o havia proibido fazer:

Israel: O Escolhido de Deus

"Coma livremente de qualquer árvore do jardim, mas não coma da árvore do conhecimento do bem e do mal, porque no dia em que dela comer, certamente você morrerá" (Gênesis 2:16-17).

Esse era um sistema que Deus havia estabelecido entre Ele e a criatura homem, e Ele queria que Adão Lhe obedecesse livremente, do fundo de seu coração. Depois de muito tempo, todavia, Adão não manteve a palavra de Deus em sua mente e cometeu o pecado da desobediência, ao comer da árvore do conhecimento do bem e do mal.

Em Gênesis 3 há uma cena em que a serpente, instigada por Satanás, perguntou à Eva: *"Foi isto mesmo que Deus disse: 'Não comam de nenhum fruto das árvores do jardim'?"* (v.1) E Eva respondeu: *"Podemos comer do fruto das árvores do jardim, mas Deus disse: 'Não comam do fruto da árvore que está no meio do jardim, nem toquem nele; do contrário vocês morrerão'"* (v.2).

Deus disse claramente à Eva: "No dia em que dela comer, certamente morrerá", mas ela mudou o que Ele havia dito, dizendo: "Vocês morrerão".

Ao perceber que Eva não tinha guardado as palavras de Deus em seu coração, a serpente ficou ainda mais agressiva em sua tentação. "Certamente não morrerão!" disse ela à Eva. *"Deus sabe que, no dia em que dele comerem, seus olhos se abrirão e vocês, como Ele, serão conhecedores do bem e do mal"* (v.5).

Quando Satanás soprou ambição na mente da mulher, esta já começou a ver a árvore do conhecimento do bem e do mal com outros olhos. A árvore parecia ter frutos ótimos para se comer, lindos, através dos quais ela adquiriria sabedoria. Eva então comeu deles e ainda deu alguns ao seu esposo, que também comeu.

Foi assim que Adão e Eva cometeram o pecado de desobedecer à palavra de Deus e, inevitavelmente, acabaram enfrentando a morte (Gênesis 2:17). Aqui, "morte" não se refere à morte física onde paramos de respirar, mas à morte espiritual. Depois de comer da árvore do conhecimento do bem e do mal, Adão teve filhos e morreu aos 930 anos de idade (Gênesis 5:2-5); isso esclarece que a "morte" mencionada realmente não é física.

O homem foi originalmente criado como uma mistura de espírito, alma e corpo. Ele tinha um espírito, pelo qual podia se comunicar com Deus; uma alma, que estava sob o domínio do espírito; e um corpo, que servia como um abrigo tanto para a alma como para o espírito. Com o abandono da palavra de Deus e o pecado, o espírito morreu e a comunicação do homem com Deus também foi rompida. É essa a "morte" da qual Gênesis 2:17 fala.

Depois de pecar, Adão e Eva foram expulsos do lindo e harmonioso Jardim do Éden e daí começou o tormento para toda a humanidade. A dor do parto foi multiplicada para a mulher, que agora desejaria seu esposo e seria governada por ele, enquanto o homem comeria do fruto de seu árduo trabalho sobre o solo amaldiçoado, todos os dias de sua vida (Gênesis 3:16-17).

Sobre isso, Gênesis 3:23 nos diz: *"Por isso o SENHOR Deus o mandou embora do jardim do Éden para cultivar o solo do qual fora tirado"*. Aqui, "cultivar o solo" não significa apenas o fato de o homem ter de trabalhar para comer, mas também de que ele – feito do pó da terra – também deveria "cultivar o seu coração", enquanto vivesse na terra.

A Cultivação da Espécie Humana Começou Depois que Adão Pecou

Adão foi criado como um ser vivente, sem nenhuma maldade em seu coração – o que fazia com que o cultivo deste fosse desnecessário. Depois de pecar, no entanto, seu coração foi infectado com inverdade e ele passou a ter de cultivá-lo, a fim de tê-lo limpo como era antes de pecar.

Assim, Adão tinha de cultivar seu coração, que havia se corrompido por inverdades e pecados, para que ele se tornasse limpo e ele pudesse vir a ser um verdadeiro filho de Deus novamente. Quando a Bíblia diz: "Deus o mandou embora do jardim do Éden para cultivar o solo do qual fora tirado", ela quer dizer isso, que também é algo que pode ser referido como "a cultivação da espécie humana feita por Deus".

Tradicionalmente, "cultivar" é a palavra que se refere ao procedimento onde o agricultor planta sementes, cuida de suas plantações e colhe seus frutos. A fim de "cultivar" a humanidade na terra e obter bons frutos, isto é, "verdadeiros filhos de Deus", Deus plantou as primeiras sementes – Adão e Eva. Através de Adão e Eva, que desobedeceram a Deus, inúmeras pessoas já nasceram e, através da cultivação da humanidade, muitas já nasceram de novo como filhas de Deus, cultivando seus corações e recuperando a imagem perdida de Deus.

Logo, "a cultivação da espécie humana feita por Deus" se refere a todo o processo no qual Deus se encarrega e governa a história da humanidade, da criação ao Julgamento, a fim de obter filhos verdadeiros.

Assim como um agricultor supera inundações, secas, geadas, chuvas de granizo e pragas, depois que plantam suas sementes, mas acabam colhendo frutos lindos e de excelente qualidade, Deus tem controlado todas as coisas para obter filhos verdadeiros que possam prevalecer ao enfrentarem doenças, partidas, morte e outros sofrimentos durante suas vidas na terra.

A Razão de Deus ter Colocado a Árvore do Conhecimento do Bem e do Mal no Jardim do Éden

Algumas pessoas perguntam: "Por que Deus colocou a árvore do conhecimento do bem e do mal, pela qual o homem veio a pecar e seguir um caminho de destruição no Jardim?" A resposta está na maravilhosa providência de Deus, através da qual Ele faria os homens cientes da 'relatividade'. A maioria das pessoas acha que Adão e Eva eram completamente felizes no Jardim do Éden, já que ali não havia lágrimas, dor, doenças ou tormentos. Entretanto, na verdade, eles não conheciam a verdadeira felicidade e amor, pois não tinham a mínima idéia do que era relatividade no Jardim.

Por exemplo, como duas crianças reagiriam se ganhassem o mesmo brinquedo, mas uma delas fosse de uma família afortunada e a outra de uma que passasse dificuldades? A segunda seria mais grata e ficaria mais contente que a primeira. Para que você entenda o verdadeiro valor de algo, é preciso que conheça e experimente seu oposto completo. Só quando você sofre de alguma doença é que consegue verdadeiramente apreciar o grande valor da boa saúde. Só quando fica ciente da morte e do inferno é que começa a estimar a vida eterna e agradecer ao Deus de amor, de todo o seu coração, por Ele ter-lhe dado a vida eterna.

No harmonioso Jardim do Éden, o primeiro homem, Adão, desfrutava de tudo que Deus lhe havia dado e tinha, inclusive, a autoridade de governar sobre qualquer outra criatura. Todavia, como as coisas que governava não eram frutos de seu trabalho e suor, Adão não conseguia compreender realmente sua importância ou admirar Deus por elas. Somente depois que ele foi expulso, vindo para esse mundo e experimentando lágrimas, sofrimento, doenças, tormentos, pobreza e morte é que ele percebeu a diferença entre a dor e alegria e como a liberdade e prosperidade que Deus lhe havia dado no Jardim eram preciosas.

Do que nos adiantaria a vida eterna, se não conhecêssemos o sofrimento e a alegria? Por mais que enfrentemos algumas dificuldades de vez em quando, se já formos capazes de perceber e dizer nos momentos de gozo: "Isso é alegria!" nossas vidas serão muito mais valorosas e abençoadas.

Por um acaso os pais de uma criança deixariam de colocá-la na escola e fariam com que ela ficasse em casa, porque estudar é difícil? Pais que verdadeiramente amam seus filhos os colocam na escola, fazendo com que estudem diligentemente coisas difíceis e tenham diversas experiências, a fim de construir-lhes um futuro melhor.

O coração de Deus, que criou a humanidade e a tem cultivado, é exatamente da mesma forma. Pela mesmíssima razão, Deus colocou a árvore do conhecimento do bem e do mal no Jardim e não impediu que Adão comesse do fruto dela por conta própria, mas permitiu que ele experimentasse alegria, raiva, sofrimento e prazer, enquanto cultivava a raça humana. Isso porque o homem pode amar e adorar a Deus, que é o amor e a verdade em Si, das profundezas de seu coração, só depois que ele experimenta a relatividade e compreende o verdadeiro amor, alegria e gratidão.

Através do processo da cultivação humana, Deus queria obter filhos verdadeiros, que viessem a conhecer Seu coração e tomá-Lo como referência, vivendo com Ele no céu e compartilhando da vida e amor eternos para todo o sempre.

A Cultivação Humana Começa em Israel

Quando o primeiro homem, Adão, foi expulso do Jardim do Éden, ao desobedecer à palavra de Deus, ele não teve o direito de escolher a terra onde ficaria, mas Deus é que lhe designou um lugar: a área de Israel.

Fato este que já tinha toda a vontade e providência de Deus por trás. Depois de elaborar um plano para a cultivação humana, Deus escolheu o povo de Israel como o modelo de cultivação. É por essa razão especificamente que Deus permitiu que Adão vivesse uma nova vida em uma terra onde a nação de Israel estava para ser construída.

Com o passar do tempo, inúmeras nações se formaram, a partir dos descendentes de Adão e a nação de Israel foi então construída nos tempos de Jacó, descendente de Abraão. Deus quis revelar Sua glória e providência de cultivo da espécie humana através da história de Israel; e não apenas aos israelitas, mas para todo o mundo. Sendo assim, a história de Israel, da qual o próprio Deus se encarregou, não é uma mera história de um povo, mas uma mensagem de Deus à humanidade.

Mas então, por que Deus escolheu Israel como modelo de cultivação humana? Por causa de seu caráter superior, isto é, o seu mais excelente ser interior.

Israel é um descendente do 'pai da fé', Abraão, de quem Deus agradou muito; e de Jacó, que era tão determinado, que lutou contra Deus e prevaleceu. É por isso que mesmo depois de perder sua terra natal e viver uma vida errante por séculos, o povo de Israel não perdeu sua identidade.

Sobretudo, o povo de Israel preservou, por milhares de anos, a palavra de Deus que foi profetizada por homens de Deus e viveu através dela. É claro que houve também tempos em que toda a nação se distanciou de Sua palavra e pecou contra Ele, mas depois, se arrependeu e voltou para Deus. Nunca perdeu sua fé em seu SENHOR Deus.

A restauração de um Israel independente no século 20 mostra claramente o tipo de coração que esse povo tem, como descendentes de Jacó.

Ezequiel 38:8 nos diz: *"Depois de muitos dias você será chamado às armas. Daqui a alguns anos você invadirá uma terra que se recuperou da guerra, cujo povo foi reunido dentre muitas nações nos montes de Israel, os quais por muito tempo estiveram arrasados. Trazido das nações, agora vive em segurança".* Aqui, "daqui a alguns anos" se refere ao tempo do fim em que a cultivação da humanidade terá seu fechamento e "os montes de Israel" simbolizam a cidade de Jerusalém, situada a aproximadamente 760 metros sobre o nível do mar.

Portanto, quando o profeta Ezequiel dizia que "o povo foi reunido dentre muitas nações nos montes de Israel", ele queria dizer que os israelitas iriam se juntar e restaurar o estado de Israel. Como profetizado nessa palavra de Deus, Israel, que havia sido destruída pelos romanos em 70 d.C., declarou a instalação de seu estado no dia 14 de maio de 1948. Até então, aquela terra não passava de um lugar desolado, mas hoje, vemos que os israelenses se fizeram uma forte nação, que não pode ser facilmente ignorada ou desafiada.

O Propósito de Deus ter Escolhido os Israelitas

Por que Deus começou a cultivação humana na terra de Israel? Por que Ele escolheu esse povo e governa sobre a história de Israel?

Primeiramente, Deus desejou proclamar a todas as nações que Ele é o Criador dos céus e da terra, é o único e verdadeiro Deus, e está vivo através da história de Israel. Ao estudá-la, até mesmo gentios podem facilmente sentir a presença de Deus e compreender Sua providência de governar tal história.

Então todos os povos da terra verão que vocês pertencem ao SENHOR e terão medo de vocês (Deuteronômio 28:10).

Como você é feliz, Israel! Quem é como você, povo salvo pelo SENHOR? Ele é o seu abrigo, o seu ajudador e a sua espada gloriosa. Os seus inimigos se encolherão diante de você, mas você pisará os seus altos (Deuteronômio 33:29).

Como escolhido de Deus, Israel tem desfrutado de um

grande privilégio – e nós podemos encontrá-lo com facilidade ao olharmos para sua história.

Por exemplo, quando Raabe recebeu dois homens que Josué havia enviado para espiar a terra de Canaã, ela lhes disse: *"Pois temos ouvido como o SENHOR secou as águas do mar Vermelho perante vocês quando saíram do Egito, e o que vocês fizeram a leste do Jordão com Seom e Ogue, os dois reis amorreus que vocês aniquilaram. Quando soubemos disso, o povo desanimou-se completamente e, por causa de vocês, todos perderam a coragem, pois o SENHOR, o seu Deus, é Deus em cima nos céus e embaixo na terra"* (Josué 2:10-11).

Durante o cativeiro dos israelitas na Babilônia, Daniel andava com Deus e o rei Nabucodonosor pôde testemunhar sobre o Deus a quem Daniel servia. Ao fazê-lo, tudo que conseguiu dizer foi: *"louvo, exalto e glorifico o Rei dos céus, porque tudo o que ele faz é certo, e todos os seus caminhos são justos. E ele tem poder para humilhar aqueles que vivem com arrogância"* (Daniel 4:37).

A mesma coisa aconteceu, enquanto Israel estava na terra estrangeira da Pérsia. Ao ver o Deus vivo trabalhando e respondendo a oração da Rainha Ester: *"Muitos que pertenciam a outros povos do reino tornaram-se judeus, porque o temor dos judeus tinha se apoderado deles"* (Ester 8:17).

Por conseguinte, mesmo quando gentios testemunhavam o Deus vivo trabalhando pelos israelitas, eles passavam a temê-Lo e adorá-Lo. E mesmo a posteridade virá a conhecer a majestade de Deus e a adorá-Lo diante de tais eventos e acontecimentos.

Em segundo lugar, Deus escolheu Israel e guiou seu povo porque Ele queria que toda a humanidade entendesse, através de sua história, a razão pela qual Ele criou o homem e o tem cultivado. Deus cultiva a humanidade porque Ele procura obter filhos verdadeiros. Um verdadeiro filho de Deus é aquele que toma Deus, que é bondade, amor, justiça e santidade em essência, como referência. Tais pessoas amam a Deus e vivem segundo a Sua vontade.

Quando Israel viveu segundo os mandamentos de Deus e O serviu, Ele o colocou acima de todos os povos e nações. Entretanto, quando o oposto aconteceu e o povo de Israel serviu a ídolos e abandonou os mandamentos de Deus, foi sujeito a todos os tipos de tormento e calamidades como guerras, desastres naturais, até ser levado cativo.

Ao darem cada passo em sua história, os israelitas foram aprendendo a se humilhar diante de Deus e, cada vez que eles o faziam, Deus os restaurava com Sua perfeita misericórdia e amor, trazendo-os para os braços de Sua graça.

Quando o rei Salomão amou a Deus e guardou os Seus mandamentos, ele desfrutou de grande glória e esplendor, mas quando começou a se distanciar Dele e servir a ídolos, a glória e o esplendor, que tinha antes, diminuíram. Quando os reis de Israel como Davi, Josafá e Ezequias caminhavam nas leis de Deus, a nação era poderosa e próspera, mas quando os reis abandonavam os caminhos de Deus, toda ela se enfraquecia e ficava sujeita a invasões.

A história de Israel revela claramente a vontade de Deus e serve como espelho que reflete a Sua vontade para todos os povos e nações. Ora, Sua vontade proclama que quando as pessoas, segundo a imagem e semelhança de Deus, guardam os Seus mandamentos e se santificam de acordo com a Sua palavra, elas recebem Suas bênçãos e vivem em Seu favor.

Israel foi escolhido para revelar a providência de Deus dentre todos os povos e nações e tem recebido tremendas bênçãos por servi-Lo como uma nação de sacerdotes responsáveis pela palavra de Deus. Mesmo quando seu povo pecou, Deus lhes perdoou e restaurou diante de seu arrependimento e humildade de coração, como havia prometido aos seus grandes patriarcas.

Sobretudo, a maior bênção que Deus prometeu e separou para Seu povo escolhido foi a maravilhosa e gloriosa promessa de que o Messias viria para eles.

Os Grandes Patriarcas

No decorrer da história da humanidade, Deus tem protegido Israel com Suas asas e enviou homens à terra, em Seu devido tempo, a fim de fazer com que o nome de Israel não desaparecesse. Os homens de Deus eram aqueles que surgiam como os frutos de Sua providência em relação à cultivação humana e receberam a Sua palavra com amor por Ele. Deus estabeleceu a base da nação de Israel através de grandes patriarcas desta nação.

Abraão, O Pai da Fé

Abraão ficou marcado como o pai da fé por sua fé e obediência e dele sairia uma grande nação. Ele nasceu há mais ou menos quatro mil anos em Ur dos caldeus e, depois de ser chamado por Deus, ganhou Seu amor e reconhecimento, a ponto de ser chamado Seu "amigo".

Deus chamou Abraão e lhe fez a seguinte promessa:

"Saia da sua terra, do meio dos seus parentes e da casa de seu pai, e vá para a terra que eu lhe mostrarei. Farei de você um grande povo, e o abençoarei. Tornarei

famoso o seu nome, e você será uma bênção" (Gênesis 12:1-2).

Naquele tempo, Abraão já não era mais um jovem, não tinha herdeiros e nem tinha nenhuma idéia de para onde estava indo – o que não devia ser fácil obedecer à palavra de Deus. Contudo, apesar de não saber para onde iria, Abraão seguiu em frente, pois confiava única e completamente em um Deus que jamais quebra Suas promessas. Assim, Abraão fazia tudo pela fé e, durante seu curso de vida na terra, recebeu todas as bênçãos que Deus lhe havia prometido.

Além do mais, Abraão não só mostrou a Deus uma perfeita obediência e obras de fé, mas também sempre buscou a bondade e a paz com as pessoas ao seu redor. Por exemplo, quando Abraão deixou Harã, ouvindo um comando de Deus, seu sobrinho, Ló, foi com ele. Quando suas posses aumentaram, Abraão e Ló não mais conseguiam ficar na mesma terra. A insuficiência de pastos e água fez com que surgisse *"uma desavença entre os pastores dos rebanhos de Abraão e os de Ló"* (Gênesis 13:7). Embora Abraão fosse bem mais velho que Ló, ele não procurou seus benefícios. Ele concedeu a seu sobrinho o privilégio de escolher a melhor terra. Ele disse a Ló em Gênesis 13:9: *"Aí está a terra inteira diante de você. Vamos separar-nos. Se você for para a esquerda, irei para a direita; se for para a direita, irei para a esquerda"*.

Como Abraão era um homem de coração limpo, ele não

aceitou nem um cordão ou correia de sandália, nem nada que era de outra pessoa (Gênesis 14:23). Quando Deus lhe disse que as cidades de Sodoma e Gomorra se mergulhavam em pecado e seriam destruídas, ele, como um homem com amor espiritual, implorou a Deus e recebeu Sua resposta de que Ele não destruiria mais Sodoma, se houvesse dez homens justos no lugar.

A bondade e a fé de Abraão eram tão perfeitas que chegaram ao ponto de ele oferecer seu único filho a Deus como oferta queimada em obediência.

Em Gênesis 22:2 Deus ordenou a Abraão: *"Tome seu filho, seu único filho, Isaque, a quem você ama, e vá para a região de Moriá. Sacrifique-o ali como holocausto num dos montes que lhe indicarei"*.

Isaque nasceu quando Abraão tinha cem anos de idade. Antes de Isaque nascer, Deus já havia dito a Abraão que seu fruto seria seu herdeiro e que o número de seus descendentes seria como o das estrelas no céu. Se Abraão tivesse dado abertura a pensamentos carnais, ele não teria conseguido cumprir a ordem de Deus e oferecer Isaque. Contudo, Abraão obedeceu imediatamente à palavra de Deus, sem perguntar a razão de nada.

No momento em que Abraão estendeu a mão para sacrificar Isaque, depois de construir o altar, o anjo de Deus o chamou e lhe disse: *"Abraão, Abraão! Não lhe faça nada. Agora sei que você teme a Deus, porque não me negou seu filho, o seu único filho"* (Gênesis 22:11-12). Que cena abençoada e comovente!

Como nunca se apoiou nos pensamentos de sua carne, não havia ansiedade ou conflitos no coração de Abraão, o que fazia com que ele obedecesse sempre à ordem de Deus, pela fé. Ele colocou toda a sua confiança e fé no Deus fiel, que sempre cumpre tudo o que promete, no Todo Poderoso que ressuscita mortos e no Deus de amor que só quer boas coisas para seus filhos. Como o coração de Abraão era totalmente obediente e mostrava as obras de sua fé, Deus aceitou Abraão como o pai da fé.

"Juro por mim mesmo", declara o SENHOR, "que por ter feito o que fez, não me negando seu filho, o seu único filho, esteja certo de que o abençoarei e farei seus descendentes tão numerosos como as estrelas do céu e como a areia das praias do mar. Sua descendência conquistará as cidades dos que lhe forem inimigos e, por meio dela, todos os povos da terra serão abençoados, porque você me obedeceu" (Gênesis 22:16-18).

Como Abraão tinha o tipo e a magnitude de bondade e fé que agradavam a Deus, foi chamado "amigo" de Deus e considerado o pai da fé. Ademais, ele também se tornou o pai de todas as nações e a fonte de todas as bênçãos, como Deus lhe prometeu, quando Ele o chamou pela primeira vez: *"Abençoarei os que o abençoarem e amaldiçoarei os que o amaldiçoarem; e por meio de você todos os povos da terra serão abençoados"* (Gênesis 12:3).

A Providência de Deus por meio de Jacó, o pai de Israel, e José, o sonhador

Abraão teve Isaque e Isaque teve Esaú e Jacó. Deus escolheu Jacó, cujo coração era superior ao de seu irmão, quando ele estava ainda no útero de sua mãe. Jacó seria chamado mais tarde de "Israel" e se tornou a origem desta nação e o pai das Doze Tribos. A ponto de comprar o direito de primogenitura de Esaú por um prato de lentilhas e roubando as bênçãos de seu irmão, enganando seu pai Isaque, Jacó desejava ansiosamente as bênçãos de Deus e coisas espirituais. Jacó tinha traços desonestos, mas Deus sabia que uma vez transformado, ele se tornaria um grande vaso. Por essa razão, Deus permitiu que ele vivesse vinte anos de provações, para que sua força pessoal fosse completamente quebrada e ele fosse humilhado.

Quando Jacó tomou a primogenitura de seu irmão mais velho, Esaú, de uma maneira astuta e esperta, Esaú tentou matá-lo e Jacó teve de fugir dele. Por fim, Jacó passou a morar com seu tio Labão, pastoreando seu gado e ovelhas – tendo de trabalhar. Então, ele confessou em Gênesis 31:40: *"O calor me consumia de dia, e o frio de noite, e o sono fugia dos meus olhos"*.

Deus retribui cada um segundo o que se planta. Ele viu Jacó fazendo aquilo fielmente e o abençoou com grande riqueza. Quando Deus lhe disse para voltar para sua terra natal, Jacó deixou a casa de Labão e foi para sua casa com sua família e posses. Ao chegar no rio Jaboque, ouviu dizer que seu irmão, Esaú, estava do outro lado do rio com 400 homens.

Jacó não podia voltar para a casa de Labão, por causa da promessa que lhe tinha feito e nem atravessar o rio e ir em direção a Esaú, que estava cheio de vingança. Achando-se, pois, em uma situação difícil, Jacó deixou de se apoiar em sua própria sabedoria, mas colocou tudo diante de Deus em oração. Livrando-se completamente de qualquer forma de seus próprios pensamentos, ele orou tão intensamente a Deus, que deslocou sua coxa.

Jacó lutou com Deus e prevaleceu. Então Deus o abençoou dizendo: *"Seu nome não será mais Jacó, mas sim Israel, porque você lutou com Deus e com homens e venceu"* (Gênesis 32:28). Depois, Jacó também pôde se reconciliar com seu irmão.

A razão de Deus ter escolhido Jacó foi porque ele era tão persistente e correto que, através de provações, ele poderia se tornar um grande vaso e ter um papel significante na história de Israel.

Jacó teve doze filhos e estes estabeleceram as doze fundações para formar a nação de Israel. Entretanto, como eles eram ainda uma mera tribo, Deus planejou colocá-los dentro dos limites do Egito, que era uma nação poderosa, até que os descendentes de Jacó pudessem se tornar uma grande nação.

Dentre seus doze filhos, Jacó expressava explicitamente sua preferência por José, chegando até a vesti-lo com uma túnica longa. José então se tornou o alvo do ódio de seus irmãos e, por ciúmes, foi vendido por eles como escravo no Egito aos 17 anos. Mesmo assim, nunca reclamou ou guardou rancor de seus irmãos.

José foi vendido para a casa de Potifar, oficial do faraó e capitão da guarda. Ali, José trabalhou diligente e fielmente, ganhando o favor e a confiança de seu senhor. Por fim, José ficou sendo administrador de toda a casa de Potifar e a ele foi confiado tudo o que Potifar possuía.

Porém, um problema surgiu. José era atraente e de boa aparência, e a mulher de seu senhor começou a seduzi-lo. Assim, como José era correto e temia sinceramente a Deus, quando ela o seduziu, ele lhe disse firmemente: *"Como poderia eu, então, cometer algo tão perverso e pecar contra Deus?"* (Gênesis 39:9)

Por fim, com as acusações falsas da mulher de Potifar, José foi preso e colocado junto aos prisioneiros do rei. Mesmo na prisão, Deus estava com José e, com o Seu favor ao seu lado, José logo "se tornou responsável por tudo o que lá sucedia".

Com tudo o que foi acontecendo em sua vida, José pôde adquirir a sabedoria que ele precisaria usar mais tarde para governar uma nação, cultivar suas disposições políticas e se tornar um grande vaso, que podia abraçar muitas pessoas em seu coração.

Ao interpretar os sonhos de Faraó e até oferecer soluções sábias ao problema que Faraó e seu povo iam enfrentar, José se tornou o governador do Egito. Logo, pela profunda providência de Deus e através das provações pelas quais José passou, Deus colocou-o, aos 30 anos de idade, como governador de uma das mais poderosas nações daqueles tempos.

Do jeito como José havia previsto nos sonhos de Faraó, os sete anos de fome atingiram todas as terras; mas, como ele já tinha se preparado para ela, José pôde agir com provisão diante do povo egípcio. Os irmãos de José foram ao Egito em busca de alimentos, se uniram novamente a seu irmão e o resto da família logo se mudou para o Egito, onde viveram com prosperidade e pavimentaram o caminho que daria a luz à nação de Israel.

Moisés: Um Grande Líder que Fez do Êxodo uma Realidade

Após se instalarem no Egito, os descendentes de Israel cresceram em número e prosperidade e logo ficaram numerosos o bastante para se tornarem uma nação independente. Quando um novo rei, que não conhecia José, subiu ao poder, ele começou a se contrapor à prosperidade e força dos descendentes de Israel. O rei e os oficiais da corte logo começaram a fazer a vida dos israelitas ficar mais amarga, fazendo-os trabalhar arduamente na preparação de barro e produção de tijolos e em todo tipo de trabalho agrícola (Êxodo 1:13-14).

Entretanto, *"quanto mais eram oprimidos, mais numerosos se tornavam e mais se espalhavam"* (Êxodo 1:12). Faraó logo ordenou que todos os bebês israelitas do sexo masculino fossem mortos ao nascer. Ao ouvir o pedido de socorro dos israelitas por causa de sua escravidão, Deus se lembrou de seu trato com Abraão, Isaque e Jacó.

Toda a terra de Canaã, onde agora você é estrangeiro, darei como propriedade perpétua a você e a seus descendentes; e serei o Deus deles (Gênesis 17:8).

A terra que dei a Abraão e a Isaac, dou a você; e também aos seus futuros descendentes darei esta terra (Gênesis 35:12).

A fim de tirar os filhos de Israel de seu tormento e levá-los à terra de Canaã, Deus preparou um homem que Lhe obedeceria incondicionalmente e guiaria o Seu povo com o Seu coração. Esse homem era Moisés.

Os pais de Moisés o esconderam por três meses depois de seu nascimento e, quando não havia mais como ficarem com ele, colocaram-no em um cesto de junco e o puseram à margem do rio Nilo. Então, a filha do Faraó encontrou aquele bebê e decidiu ficar com ele. A irmã da criança, que havia ficado ali perto para ver o que lhe aconteceria, se aproximou e recomendou à filha do Faraó que tivesse sua mãe biológica como babá e amamentadora do menino.

Assim, Moisés foi criado no palácio real, mas também por sua mãe biológica, o que fez com ele crescesse aprendendo sobre Deus e os israelitas, seu povo.

Até que um dia Moisés viu um hebreu sendo espancado por um egípcio e, angustiado, acabou matando o egípcio. Quando essa notícia se espalhou, Moisés fugiu da presença do Faraó e instalou-se na terra de Mídia. Ali, pastoreou ovelhas por quarenta anos – o que também era parte da providência de Deus, que desejava provar e treinar Moisés para liderar o Êxodo.

Em Seu tempo, Deus chamou Moisés e lhe ordenou que guiasse os israelitas do Egito para Canaã, de onde emanavam leite e mel. Como o Faraó havia endurecido seu coração, ele não ouviu a ordem de Deus dada através de Moisés. Como consequência, Deus enviou as dez pragas sobre o Egito e, à força, tirou-os dali.

Só depois de sofrer com a morte de seu primogênito foi que o Faraó e seu povo se ajoelharam perante Deus, e o povo de Israel pôde ser liberto da escravidão. O próprio Deus guiou os israelitas em cada passo de seu caminho. Ele dividiu o Mar Vermelho para que eles pudessem passar em terra firme para o outro lado; quando não tinham água para beber, fez água brotar de uma rocha; e quando não tinham nada para comer, Deus enviou manás e codornizes. Deus fez esses sinais e maravilhas através de Moisés, para garantir a sobrevivência de milhões de israelitas no deserto por 40 anos.

Depois, o Deus Fiel guiou o povo de Israel à terra de Canaã, através de Josué, sucessor de Moisés. Deus ajudou Josué e o seu povo a atravessar o Rio Jordão à Sua maneira e permitiu que

Israel: O Escolhido de Deus

eles conquistassem a cidade de Jericó. Também da Sua própria maneira, Deus permitiu que eles conquistassem e possuíssem a maior parte da terra de Canaã, de onde emanavam leite e mel.

É importante apontarmos, porém, que a conquista de Canaã não foi apenas a bênção de Deus, mas também resultado de Seu justo julgamento dos habitantes do lugar, que haviam se corrompido em pecado e maldade. Eles haviam se tornado extremamente corruptos e, inevitavelmente, se viram sob o julgamento de Deus, que em Sua justiça fez com que os israelitas tomassem a terra.

Como Deus havia dito a Abraão, *"Na quarta geração, os seus descendentes voltarão para cá, porque a maldade dos amorreus ainda não atingiu a medida completa"* (Gênesis 15:16), os descendentes de Abraão, Jacó e seus filhos, foram de Canaã para o Egito, viveram ali, e seus descendentes voltaram então para a terra prometida.

Davi estabelece o potente Israel

Após a conquista da terra de Canaã, Deus governou sobre Israel através de juízes e profetas no Período dos Juízes e depois Israel se tornou um reino. Através do reinado de Davi, que amava a Deus acima de todas as coisas, as fundações de uma nação foram estabelecidas.

Em sua juventude, Davi matou um temido guerreiro filisteu com uma atiradeira e uma pedra e, em reconhecimento a seu feito, recebeu um elevado posto no exército do rei Saul. Ao voltar para casa, depois de derrotar os filisteus, muitas mulheres brincavam cantando: Saul matou milhares e, Davi, dezenas de milhares". Todos os israelitas começaram a amar Davi e, o rei Saul, com inveja, começou então a tramar contra ele.

Em meio às desesperadas perseguições de Saul, Davi teve duas oportunidades de matar o rei, mas escolheu não fazer tal coisa a alguém que havia sido ungido pelo próprio Deus. Ele só fez coisas boas a Saul. Certa vez, Davi se prostrou e, com o rosto em terra, disse ao rei: *"Olha, meu pai, olha para este pedaço de teu manto em minha mão! Cortei a ponta de teu manto, mas não te matei. Agora entende e reconhece que não sou culpado de fazer-te mal ou de rebelar-me. Não te fiz mal algum, embora estejas à minha procura para tirar-me a vida"* (1 Samuel 24:11).

Davi, um homem segundo o coração de Deus, procurou fazer o bem em todas as coisas, mesmo depois de se tornar rei. Durante seu reinado, Davi governou com justiça e fortaleceu seu reino. Uma vez que Deus andava com ele, ele era vitorioso nas guerras contra vizinhos como os filisteus, moabitas, amalequitas, amonitas e edomitas. Ele expandiu o território de Israel e os saques e tributos de guerra só aumentaram o tesouro de seu reino. Logo, ele desfrutou muito do período de prosperidade de seu reino.

Davi também levou a Arca da Aliança de Deus para Jerusalém, estabeleceu os procedimentos para oferta de sacrifícios e fortaleceu a fé no SENHOR Deus. O rei também fundou Jerusalém como o centro político e religioso do reino e fez todas as preparações para o Templo Santo de Deus ser construído no reinado de seu filho, Salomão.

No decorrer de toda a sua história, a fase de mais poder e esplendor de Israel se deu durante o governo do Rei Davi, que era muito admirado por seu povo e glorificou intensamente a Deus. Além de tudo, Davi foi um patriarca tão grande que o Messias veio de seus descendentes!

Elias Traz os Corações dos Israelitas de volta para Deus

Salomão, filho do Rei Davi, adorou a ídolos e o reino foi dividido em dois, depois de sua morte. Dentre as Doze Tribos de Israel, dez formaram o reino de Israel no Norte e duas formaram o reino de Judá, no Sul.

No reino de Israel, os profetas Amós e Oséias revelaram a vontade de Deus ao Seu povo, enquanto os profetas Isaías e Jeremias executaram seus ministérios no reino de Judá. Sempre no tempo de Deus, Ele enviava Seus profetas e fazia a Sua vontade através deles. Um deles era Elias. Elias executou seu ministério durante o reino do rei Acabe, no norte.

Nos tempos de Elias, a gentia rainha Jezabel levou Baal para dentro de Israel e a idolatria se espalhou em todo o reino. A primeira missão do profeta Elias era dizer a Acabe que não haveria chuva em Israel por três anos e meio, como resultado do julgamento de Deus por sua idolatria. Quando o profeta ficou sabendo que o rei e a rainha estavam tentando matá-lo, Elias fugiu para Sarepta, de Sidom. Ali, uma viúva lhe deu um pouco de pão e, em retorno ao seu serviço, Elias fez o milagre de a farinha em sua tigela não acabar, nem seu azeite esgotar, até que a fome se acabasse. Mais tarde, Elias ressuscitou o filho morto da mesma viúva.

No topo do Monte Carmelo, Elias guerreou contra 450 profetas de Baal e 400 profetas de Aserá e fez o fogo de Deus descer do céu. A fim de fazer o coração dos israelitas se virar contra ídolos e levá-lo novamente a Deus, Elias construiu um altar a Deus, derramou água sobre as ofertas que havia nele e orou intensamente a Deus.

À hora do sacrifício, o profeta Elias colocou-se à frente do altar e orou: "Ó SENHOR, Deus de Abraão, de Isaque e de Israel, que hoje fique conhecido que tu és Deus em Israel e que sou o teu servo e que fiz todas estas coisas por ordem tua. Responde-me, ó SENHOR, responde-me, para que este povo saiba que tu, ó SENHOR, és Deus, e que fazes o coração deles voltar para ti". Então o fogo do SENHOR caiu e queimou completamente o holocausto, a lenha, as pedras e o chão, e também secou totalmente a água na valeta. Quando o povo viu isso, todos caíram prostrados e gritaram: "O SENHOR é Deus! O SENHOR é Deus!" Então Elias ordenou-lhes: "Prendam os profetas de

Baal. Não deixem nenhum escapar!" Eles os prenderam
e Elias os fez descer ao riacho de Quisom e lá os matou
(1 Reis 18:36-40).

Elias também fez chover depois de três anos e meio de seca, atravessou o rio Jordão como se estivesse caminhando em terra seca e profetizou sobre coisas que estavam para acontecer. Manifestando o maravilhoso poder de Deus, Elias testemunhou o Deus vivo de forma clara e explícita.

2 Reis 2:11 diz: *"De repente, enquanto caminhavam e conversavam, apareceu um carro de fogo puxado por cavalos de fogo que os separou, e Elias foi levado aos céus num redemoinho"*. Como Elias agradou a Deus devido à grande fé que tinha e recebeu o Seu amor e reconhecimento, o profeta ascendeu aos céus sem experimentar a morte.

Daniel Revela a Glória de Deus às Nações

Duzentos e cinquenta anos depois, há mais ou menos 605 anos a.c., no terceiro ano do reino de Jeoaquim, Jerusalém caiu com a invasão do rei Nabucodonosor, da Babilônia, e muitos da família real do reino de Judá foram capturados e feitos cativos.

Como parte da política de reconciliação de Nabucodonosor, o rei ordenou a Aspenaz, o chefe de seus oficiais, que lhe trouxesse alguns dos filhos de Israel, incluindo integrantes da família real e da nobreza; jovens sem defeito físico, de boa aparência, cultos, inteligentes, que dominassem os vários campos do conhecimento e fossem capacitados para servir no palácio do rei. Aspenaz deveria ensinar-lhes a língua e a literatura dos babilônios e, dentre tais jovens, estava Daniel (Daniel 1:3-4).

Contudo, Daniel decidiu não se tornar impuro com a comida e o vinho do rei, pedindo ao chefe de oficiais permissão para se abster deles (Daniel 1:8).

Embora fosse prisioneiro de guerra, Daniel foi abençoado por Deus por temê-Lo em todas as áreas de sua vida. Deus deu a Daniel e seus amigos sabedoria e inteligência para conhecerem todos os aspectos da cultura e da ciência. Daniel podia até entender toda visão e sonho (Daniel 1:17).

Assim, Daniel continuou ganhando o favor e reconhecimento dos reis, mesmo com a mudança de reinos. Reconhecendo o espírito extraordinário de Daniel, o rei Dario, da Pérsia, colocou Daniel como supervisor de sápatras. Então, um grupo de oficiais da corte ficou enciumado e começou a procurar algo que pudesse usar contra Daniel, em relação a assuntos governamentais. Entretanto, não conseguiram achar nenhum motivo de acusação ou evidência de corrupção.

Quando souberam que Daniel orava a Deus três vezes por dia, os oficiais e sápatras foram ter com o rei e disseram-lhe para criar uma estátua e, qualquer que orasse a outro deus que não o seu rei, nos próximos trinta dias seria jogado na cova dos leões. Daniel, por sua vez, não oscilou, mesmo correndo o risco de perder sua reputação, posição e até mesmo sua vida. Ele continuou orando virado para Jerusalém, como sempre fazia.

Pela ordem do rei, Daniel foi jogado na cova dos leões, mas

Israel: O Escolhido de Deus

como Deus enviou o Seu anjo e fechou a boca dos animais, Daniel ficou intacto. Ao saber do acontecido, o rei Dario escreveu a todos os povos, nações e homens de todas as línguas que viviam em toda a terra, em louvor de Deus:

Estou editando um decreto para que em todos os domínios do império os homens temam e reverenciem o Deus de Daniel. "Pois ele é o Deus vivo e permanece para sempre; o seu reino não será destruído, o seu domínio jamais acabará. Ele livra e salva; faz sinais e maravilhas nos céus e na terra. Ele livrou Daniel do poder dos leões" (Daniel 6:26-27).

Além dos patriarcas da fé de grande renome em Deus mencionados acima, não teríamos papéis e tinta o suficiente para descrever as obras de fé de Gideão, Baraque, Sansão, Jefté, Samuel, Isaías, Jeremias, Ezequiel, os três amigos de Daniel, Ester e todos os profetas da Bíblia.

Grandes Patriarcas para Todas as Nações da Terra

Desde os primeiros dias da nação de Israel, Deus pessoalmente já havia elaborado o curso de sua história. Cada vez que Israel se viu em crise, Deus lhe provia profetas, que Ele havia preparado, e direcionava seu curso.

Logo, diferente de qualquer outra nação, a história da nação de Israel tem-se desdobrado segundo a providência divina desde os dias de Abraão e continuará sendo sempre de acordo com o plano de Deus – até o fim dos tempos.

Entretanto, o fato de Deus ter apontado e usado os pais da fé, dentre o povo de Israel, pela Sua providência e plano, não foi apenas para Seu escolhido, os israelitas, mas também para todos os povos em toda a parte do planeta que têm fé em Deus.

Abraão será o pai de uma nação grande e poderosa e, por meio dele, todas as nações da terra serão abençoadas (Gênesis 18:18).

Deus quer que "todas as nações da terra" se tornem filhas de Abraão na fé e recebam suas bênçãos. Ele não reservou as bênçãos somente para os Seus escolhidos, os israelitas. Deus prometeu a Abraão em Gênesis 17:4-5 que ele se tornaria o pai de uma multidão de nações, em Gênesis 12:3 que todas as famílias da terra seriam abençoadas nele e em Gênesis 22:17-18 que todas as nações da terra seriam abençoadas em sua semente.

Além do mais, através da história de Israel, Deus abriu o caminho pelo qual todas as nações da terra viriam a saber que só o SENHOR Deus é o verdadeiro Deus, que todos devem servi-Lo, e se tornar Seus verdadeiros filhos que O amam.

Fiz-me acessível aos que não perguntavam por mim; fui achado pelos que não me procuravam. A uma nação que não clamava pelo meu nome eu disse: Eis-me aqui, eis-me aqui (Isaías 65:1).

Deus estabeleceu os grandes patriarcas e guiou e governou pessoalmente a história de Israel, para permitir que tanto os gentios como os Seus escolhidos, os Israelitas, clamassem o Seu nome. Até então, Deus havia realizado a história da cultivação humana, mas agora Ele desenhou outro maravilhoso plano para que Ele pudesse aplicar a providência da cultivação aos gentios também. É por isso que em Seu tempo, Deus enviou Seu Filho à terra de Israel não apenas como o Messias de Israel, mas como o Messias da espécie humana.

As Pessoas que Testemunharam sobre Jesus Cristo

No decorrer da história da cultivação humana, Israel esteve sempre no centro do cumprimento da providência de Deus. Deus Se revelou aos pais da fé, prometeu-lhes as coisas que iriam acontecer e lhas cumpriu da forma como havia prometido. Ele também disse aos israelitas que o Messias viria da tribo de Judá e casa de Davi, e salvaria todas as nações da terra.

Portanto, Israel tem esperado pelo Messias que foi profetizado no Velho Testamento. O Messias é Jesus Cristo. Todavia, as pessoas que têm a fé no Judaísmo não reconhecem Jesus como o Filho de Deus e o Messias, mas ainda estão esperando pela Sua vinda.

Contudo, o Messias por quem Israel espera e o Messias sobre o qual falará o resto deste capítulo, é um e o mesmo.

O que as pessoas dizem de Jesus Cristo? Se examinarmos as profecias sobre o Messias e seu cumprimento e as características do Messias, veremos que é inevitável negar que o Messias, por quem Israel tem esperado, não é outro senão Jesus Cristo.

Paulo, um Perseguidor de Jesus Cristo, vira Seu Apóstolo

Paulo nasceu em Tarso, Cilícia (hoje, Turquia), há aproximadamente 2.000 anos, e seu nome era Saulo. Saulo foi circuncidado no oitavo dia depois de nascido e era da nação de Israel, da tribo de Benjamim, e um hebreu dos hebreus. Saulo se achava imaculado diante da justiça que está na Lei. Ele também foi educado por Gamaliel, mestre da Lei respeitado por todos. Viveu exatamente de acordo com as leis de seus pais e tinha cidadania do Império Romano – o mais poderoso do mundo naquela época. Em outras palavras, não havia nada que faltasse a Saulo – ele tinha família, linhagem, conhecimento, bens, riquezas e autoridade.

Como ele amava a Deus acima de todas as coisas, Saulo, por zelo, perseguiu os seguidores de Jesus Cristo, pois havia ouvido falar que os cristãos diziam que o Jesus crucificado era o Filho de Deus e o Salvador, e que Jesus tinha ressuscitado no terceiro dia depois de Sua morte – o que considerava blasfêmia contra Deus.

Saulo também achava que os seguidores de Jesus Cristo ameaçavam o Judaísmo Farisaico, que ele seguia devotamente. Por essa razão, Saulo perseguiu impiedosamente e destruiu a igreja, liderando a captura de crentes em Jesus Cristo.

Ele prendeu muitos cristãos e votava contra eles quando eram mortos. Também puniu crentes em todas as sinagogas, tentou forçá-los a blasfemar contra Jesus Cristo e perseguia-os até em cidades estrangeiras.

Então, Saulo passou por uma experiência marcante, através da qual a sua vida virou de cabeça para baixo. Enquanto ia para Damasco, uma luz do céu de repente brilhou ao seu redor.

"Saulo, Saulo, por que você está me perseguindo?"

"Quem és tu, Senhor?"

"Eu sou Jesus, o Nazareno, a quem você persegue".

Saulo se levantou do chão, mas não conseguia ver nada. As pessoas o levaram até Damasco. Ali, cego, ele ficou três dias sem comer ou beber. Depois desse incidente, o Senhor apareceu em visão a um discípulo chamado Ananias.

"Vá à casa de Judas, na rua chamada Direita, e pergunte por um homem de Tarso chamado Saulo. Ele está orando; numa visão viu um homem chamado Ananias chegar e impor-lhe as mãos para que voltasse a ver". "Vá! Este homem é meu instrumento escolhido para levar o meu nome perante os gentios e seus reis, e perante o povo de Israel. Mostrarei a ele o quanto deve sofrer pelo meu nome" (Atos 9:11-12; 15-16).

Quando Ananias pôs as mãos sobre Saulo e orou, algo como escamas caíram de seus olhos e ele pôde ver novamente. Depois de se encontrar com o Senhor, Saulo percebeu que havia pecado, e se chamou "Paulo", que significa, "homem pequeno". Daquele ponto em diante, Paulo pregou corajosamente aos gentios sobre o Deus vivo e o evangelho de Jesus Cristo.

Irmãos, quero que saibam que o evangelho por mim anunciado não é de origem humana. Não o recebi de pessoa alguma nem me foi ele ensinado; ao contrário, eu o recebi de Jesus Cristo por revelação. Vocês ouviram qual foi o meu procedimento no judaísmo, como perseguia com violência a igreja de Deus, procurando destruí-la. No judaísmo, eu superava a maioria dos judeus da minha idade, e era extremamente zeloso das tradições dos meus antepassados. Mas Deus me separou desde o ventre materno e me chamou por sua graça. Quando lhe agradou revelar o seu Filho em mim para que eu o anunciasse entre os gentios, não consultei pessoa alguma. Tampouco subi a Jerusalém para ver os que já eram apóstolos antes de mim, mas de imediato parti para a Arábia, e voltei outra vez a Damasco (Gálatas 1:11-17).

Mesmo depois de ter-se encontrado com Jesus e pregar o evangelho, Paulo ainda suportou sofrimentos que não podem ser descritos adequadamente por palavras. Paulo sempre se via em situações cada vez mais difíceis, prisões atrás de prisões, espancamentos, perigos de morte, noites sem dormir, fome, sede e exposição ao frio (2 Coríntios 11:23-27).

Paulo poderia ter facilmente vivido uma vida próspera e confortável com seu status, autoridade e conhecimento, mas abriu mão de tudo e colocou tudo que tinha diante do Senhor.

Pois sou o menor dos apóstolos e nem sequer mereço ser chamado apóstolo, porque persegui a igreja de Deus. Mas, pela graça de Deus, sou o que sou, e sua graça para comigo não foi inútil; antes, trabalhei mais do que todos eles; contudo, não eu, mas a graça de Deus comigo (1 Coríntios 15:9-10).

Paulo pôde fazer essa corajosa confissão porque tinha a experiência vívida de ter conhecido Jesus Cristo. O Senhor não apenas se apresentou a ele enquanto estava a caminho de Damasco, mas também confirmava a Sua presença fazendo maravilhosas obras de poder.

Deus fez milagres extraordinários pelas mãos de Paulo, de forma que até lenços ou aventais que ele usava curavam e libertavam os enfermos ao encostarem neles. Paulo também ressuscitou um jovem chamado Êutico, quando este caiu do terceiro andar e morreu. Reavivar mortos não é algo possível de se fazer sem o poder de Deus.

O Velho Testamento diz que o profeta Elias ressuscitou o filho de uma viúva em Sarepta e Eliseu ressuscitou um menino em Suném. Como o salmista escreveu em Salmo 62:11: *"Uma vez Deus falou, duas vezes eu ouvi, que o poder pertence a Deus"*, o poder de Deus é dado a homens de Deus.

Durante suas três viagens missionárias, Paulo estabeleceu a fundação para o evangelho de Jesus Cristo, para que ele fosse pregado a todas as nações, construindo igrejas em muitos lugares na Ásia e Europa, incluindo a Ásia Menor e a Grécia. Em outras palavras, podemos dizer que o caminho, através do qual o evangelho de Jesus Cristo seria pregado em todos os cantos do mundo e um grande número de almas fosse salvo, foi aberto por ele.

Pedro Manifesta Grande Poder e Salva Inúmeras Almas

O que podemos dizer de Pedro, que foi precursor em relação ao esforço para se pregar o evangelho aos judeus? Ele era um pescador ordinário antes de conhecer Jesus, mas depois de ser chamado por Ele e testemunhar de primeira mão as coisas maravilhosas que Ele fazia, Pedro se tornou um de Seus melhores discípulos.

Quando Pedro viu Jesus manifestar uma magnitude de poder, que nenhum outro homem podia manifestar ou mesmo imitar, como abrir os olhos do cego, fazer aleijados se levantar, ressuscitar mortos; fazer boas obras e cobrir faltas e transgressões, Pedro pôde crer: 'Ele de fato veio de Deus'. Em Mateus 16 podemos ver sua confissão:

"Quem vocês dizem que eu sou?" (v. 15).

"Tu és o Cristo, o Filho do Deus Vivo" (v. 16).

Algo inimaginável aconteceu a Pedro, que pôde fazer a confissão acima. Ele até confessou a Jesus na última ceia: *"Ainda* que todos te abandonem, eu nunca te abandonarei" (Mateus 26:33). Mas na noite em que Jesus foi capturado e crucificado, Pedro negou conhecer Jesus três vezes, com medo de morrer.

Depois que Jesus ressuscitou e ascendeu aos céus, Pedro recebeu o Espírito Santo e foi transformado de uma maneira maravilhosa. Ele passou a dedicar cada milímetro de sua vida à pregação do evangelho de Jesus Cristo sem temer a morte. Um dia, três mil pessoas se arrependeram e foram batizadas diante de seu intrépido testemunho de Jesus Cristo. Mesmo depois dos líderes judeus ameaçarem tirar sua vida, ele continuou proclamando bravamente que Jesus Cristo é o nosso Senhor e Salvador.

"Arrependam-se, e cada um de vocês seja batizado em nome de Jesus Cristo para perdão dos seus pecados, e receberão o dom do Espírito Santo. Pois a promessa é para vocês, para os seus filhos e para todos os que estão longe, para todos quantos o Senhor, o nosso Deus, chamar" (Atos 2:38-39).

"Este Jesus é a pedra que vocês, construtores, rejeitaram, e que se tornou a pedra angular. Não há salvação em nenhum outro, pois, debaixo do céu não há nenhum outro nome dado aos homens pelo qual devamos ser salvos" (Atos 4:11-12).

Pedro manifestou o poder de Deus fazendo muitos sinais e

maravilhas. Em Lida, Pedro curou um homem que era paralítico por oito anos e, perto dali, em Jope, ressuscitou a jovem Tabita, que havia ficado doente e morrido. Pedro também fez um aleijado se levantar e andar, curou pessoas que estavam sofrendo de várias doenças e expulsou demônios.

O poder de Deus na vida de Pedro era tão grande que o povo até levava os doentes às ruas e os colocava em camas e macas, para que pelo menos a sua sombra se projetasse sobre alguns, enquanto ele passava (Atos 5:15).

Além disso, através de visões, Deus revelou a Pedro que o evangelho da salvação teria de ser levado aos gentios. Um dia, quando ele foi ao terraço para orar, teve fome e queria comer. Enquanto a comida estava sendo preparada, ele caiu em êxtase e viu o céu aberto, e algo como um grande lençol descia à terra. Nele, havia toda espécie de quadrúpedes, répteis e aves (Atos 10:9-12). Ele então ouviu uma voz.

"Levante-se Pedro; mate e coma" (v. 13). *"De modo nenhum, Senhor! Jamais comi algo impuro ou imundo!"* (v. 14) *"Não chame impuro ao que Deus purificou"* (v. 15).

Isso aconteceu três vezes e tudo era puxado de novo para o céu. Pedro não conseguia entender por que Deus o havia ordenado comer algo que era considerado "impuro" pela Lei de Moisés. Enquanto ele estava refletindo sobre a visão, o Espírito Santo lhe disse: *"Simão, três homens estão procurando por você. Portanto, levante-se e desça. Não hesite em ir com eles, pois eu os enviei"* (Atos 10:19-20). Os três homens foram ter com ele, em nome do gentio Cornélio, para que ele o fosse visitar. Através dessa visão, Deus revelou a Pedro que Ele queria que Sua misericórdia fosse pregada inclusive para os gentios, incentivando Pedro a espalhar o evangelho do Senhor Jesus Cristo a eles. Pedro era profundamente grato ao Senhor, que o amava e lhe havia confiado uma tarefa sagrada, mesmo depois de ele tê-Lo negado três vezes. Levou inúmeras almas ao caminho da salvação e, não poupando sua própria vida, tornou-se um mártir.

O Apóstolo João Profetiza sobre os Últimos Dias pela Revelação de Jesus Cristo

Antes de ser chamado por Jesus, João era pescador na Galileia, mas depois de sê-lo, passou a sempre andar com Ele e testemunhava os sinais e maravilhas que Ele fazia. Ele viu Jesus transformar a água em vinho no casamento em Caná, curar muitos doentes, inclusive alguém que estava enfermo já havia 38 anos, expulsar demônios de muitos e abrir os olhos dos cegos. João também viu Jesus andar sobre as águas e fazer Lázaro, que estava morto havia quatro dias, ressuscitar.

João seguiu Jesus quando Ele foi transfigurado (Seu rosto brilhou como o sol e Suas vestes ficaram brancas como a luz) e falou com Moisés e Elias sobre o Monte da Transfiguração. Mesmo quando Jesus estava já na cruz, Ele disse a ele e à Virgem Maria: *"Aí está o seu filho!"*

"Aí está a sua mãe!" Com essas últimas palavras que Jesus falou na cruz, Ele estava confortando Maria, que tinha dado à luz

a Ele e O carregado no colo, mas, em termos espirituais, estava dizendo a toda a humanidade que todos os crentes Nele são irmãos, irmãs e mães. Jesus nunca se referiu à Maria como Sua "mãe". Como Ele, sendo Filho de Deus, é Deus em essência, ninguém poderia ter-Lhe dado à luz e ele não poderia ter tido uma mãe. A razão pela qual Jesus disse a João: "Aí está a sua mãe!" foi porque João deveria servir a Maria como que a uma mãe. Dali em diante, João levou Maria para dentro de sua própria casa e passou a servi-la como mãe.

Depois da ressurreição de Jesus e ascensão, ele, como outros apóstolos, pregou o evangelho de Jesus Cristo com diligência, apesar das constantes ameaças por parte dos judeus. Através da fervorosa pregação desses apóstolos, a Igreja Primitiva experimentou um avivamento espetacular, embora todos estivessem sempre sujeitos à perseguição.

O apóstolo João foi questionado no Conselho dos Judeus e, mais tarde, veio a ser mergulhado em um tanque de óleo quente pelo Imperador Romano Domiciano, mas não sofreu nada, pelo poder e providência de Deus, e o imperador então o exilou para a Grécia, na ilha de Patmos, no mar Mediterrâneo. Ali, João se comunicava com Deus em oração e, pela inspiração do Espírito Santo e direção de anjos, ele teve várias visões profundas e registrou as revelações de Jesus Cristo.

Revelação de Jesus Cristo, que Deus lhe deu para mostrar aos seus servos o que em breve há de acontecer.

Ele enviou o seu anjo para torná-la conhecida ao seu servo João (Apocalipse 1:1).

Com a inspiração do Espírito Santo, o apóstolo João escreveu detalhadamente sobre as coisas que aconteceriam nos últimos dias, para que todos pudessem aceitar Jesus como seu Salvador e se preparar para recebê-Lo como o Rei dos reis e Senhor dos senhores, em Sua segunda vinda.

Os Membros da Igreja Primitiva Perseveraram em Sua Fé

Quando Jesus, ressuscitado ascendeu aos céus, Ele prometeu a Seus discípulos que Ele voltaria da mesma maneira que eles O haviam visto subir aos céus.

As muitas testemunhas da ressurreição de Jesus e ascensão perceberam que elas também seriam capazes de ressuscitar e não mais precisariam temer a morte. Foi assim que elas conseguiram viver suas vidas como testemunhas de Cristo, diante das ameaças e opressão dos governadores do mundo e da perseguição que constantemente custavam suas vidas. Não apenas os discípulos de Jesus que O serviram durante Seu ministério público, mas também outras inúmeras pessoas acabaram virando comida de leões no Coliseu, em Roma, foram decepadas, crucificadas e queimadas. No entanto, todas elas perseveraram em sua fé em Jesus Cristo.

Como as perseguições contra os cristãos se intensificaram,

os membros da Igreja Primitiva se escondiam em catacumbas romanas, onde também mortos eram enterrados. Suas vidas eram miseráveis, como se não estivessem vivendo. Entretanto, por causa de seu amor intenso pelo Senhor, eles não temiam nenhum tipo de provação ou tormento.

Antes do Cristianismo ser oficialmente reconhecido em Roma, a opressão contra os cristãos era tão cruel, que sua descrição não cabe em palavras. Os cristãos perdiam sua cidadania, as Bíblias e igrejas eram incendiadas. Líderes e obreiros eram presos, brutalmente torturados e executados.

Policarpo, na igreja de Esmirna na Ásia Menor, tinha uma amizade com João. Policarpo era um bispo devoto. Quando ele foi preso pelas autoridades romanas e foi ter com o governador, ele não abandonou sua fé.

"Eu não quero prejudicá-lo. Ordene que aqueles cristãos sejam mortos e eu o libertarei. Amaldiçoe a Cristo!"

"Tenho servido ao Senhor Jesus Cristo por oitenta e seis anos, e isso não me tem feito mal. Como poderia amaldiçoar meu Rei, que me salvou?"

Tentaram queimá-lo até a morte, mas não conseguiram. Policarpo, bispo de Esmirna, morreu como mártir, depois de ser ferido com uma espada. Quando muitos outros cristãos testemunharam e ouviram falar das marchas de fé de Policarpo e seu martírio, passaram a compreender a Paixão de Jesus Cristo ainda mais, e escolheram livremente o caminho do martírio.

Então lhes disse: "Israelitas, considerem cuidadosamente o que pretendem fazer a esses homens. Há algum tempo, apareceu Teudas, reivindicando ser alguém, e cerca de quatrocentos homens se juntaram a ele. Ele foi morto, todos os seus seguidores se dispersaram e acabaram em nada. Depois dele, nos dias do recenseamento, apareceu Judas, o galileu, que liderou um grupo em rebelião. Ele também foi morto, e todos os seus seguidores foram dispersos. Portanto, neste caso eu os aconselho: deixem esses homens em paz e soltem-nos. Se o propósito ou atividade deles for de origem humana, fracassará; se proceder de Deus, vocês não serão capazes de impedi-los, pois se acharão lutando contra Deus" (Atos 5:35-39).

Como o renovado Gamaliel exortou e lembrou o povo de Israel, o evangelho de Jesus Cristo que veio do próprio Deus não pôde ser derrubado. Finalmente, em 313 d.C., o Imperador Constantino reconheceu o Cristianismo como a religião oficial de seu império e o evangelho de Jesus Cristo começou a ser pregado a todo o mundo.

O Testemunho sobre Jesus, Registrado no Relatório de Pilatos

Dentre documentos históricos dos tempos do Império Romano, há um manuscrito sobre a ressurreição de Jesus, o qual Pôncio Pilatos, Governador da Província Romana da Judeia na época de Jesus, escreveu e enviou ao Imperador. O texto a seguir fala da ressurreição de Jesus e foi extraído do "Relatório de Pilatos enviado a César, sobre a Prisão, Julgamento e Crucificação de Jesus", atualmente mantido na Hagia Sophia, em Istambul, Turquia:

Poucos dias depois de terem achado o sepulcro vazio, seus discípulos divulgaram por todo o lugar que Jesus havia ressuscitado, como Ele já havia predito. Isso criou uma agitação entre o povo, ainda maior que a própria crucificação. Se isso é verdade, não posso dizer com certeza, mas fiz algumas investigações sobre a questão, para que o senhor possa examiná-la por conta própria e ver se possuo alguma culpa, como Herodes afirma.

José colocou Jesus em seu próprio túmulo. Se ele contemplou Sua ressurreição ou calculou tirá-Lo dali, não sei. Um dia, depois que Ele foi colocado no túmulo, um dos sacerdotes foi ao praetorium e disse que ele e os seus estavam apreensivos, com receio de que os discípulos de Jesus roubassem seu corpo

e o escondessem, dando a entender que Ele tinha ressuscitado como havia predito. Estavam convencidos de que era isso é que iria acontecer.

Eu o enviei ao capitão da guarda real (Malcus) para dizer-lhe para tomar soldados judeus, colocar o tanto que precisassem ao redor do sepulcro e assegurar que, se acontecesse alguma coisa por ali, eles seriam culpados e não os romanos.

Quando o povo muito se agitou ao saber que o túmulo estava vazio, senti que devia dar ao fato maior atenção que nunca. Pedi ajuda a esse homem Islã, que se referia a mim da maneira mais próxima, segundo o que consigo me lembrar. Eles viram uma suave e linda luz sobre o sepulcro. Ele, inicialmente, pensou que as mulheres tinham ido ali para embalsamar o corpo de Jesus, como de costume, mas não conseguia entender como haviam passado pelos guardas. Enquanto esses pensamentos passavam por sua mente, viu todo o lugar se iluminar e parecia que havia ali multidões de mortos com suas roupas de túmulos.

Todos pareciam estar gritando e cheios de êxtase, enquanto o lugar estava cheio da mais linda música que ele já havia escutado e todo o ar parecia estar cheio de vozes louvando a Deus. Durante todo esse tempo, parecia que a terra estava rodando e ele parecia sentir um mal estar e desmaiou, e ele não conseguiu ficar de pé. Ele disse que a terra parecia rodar debaixo dele e ele perdeu os sentidos. Então, ele não sabia o que havia acontecido.

Como lemos em Mateus 27:51-53: *"Naquele momento, o véu do santuário rasgou-se em duas partes, de alto a baixo. A terra tremeu, e as rochas se partiram. Os sepulcros se abriram, e os corpos de muitos santos que tinham morrido foram ressuscitados. E, saindo dos sepulcros, depois da ressurreição de Jesus, entraram na cidade santa e apareceram a muitos"*. Os soldados romanos deram um testemunho idêntico.

Depois de registrar os testemunhos dos soldados romanos que haviam visto um fenômeno espiritual, Pilatos observou no final de seu relatório: "Estou quase pronto para dizer: 'Verdadeiramente este era o Filho de Deus'".

Inúmeras Testemunhas do Senhor Jesus Cristo

Não foram apenas os discípulos de Jesus que O haviam servido durante Seu ministério público, que testemunharam o evangelho de Jesus Cristo. Assim como Ele disse em João 14:13: *"E eu farei o que vocês pedirem em meu nome, para que o Pai seja glorificado no Filho"*, inúmeras testemunhas receberam respostas de Deus às suas orações e testemunharam sobre o Deus vivo e o Senhor Jesus Cristo, desde Sua ressurreição e ascensão aos céus.

Mas receberão poder quando o Espírito Santo descer sobre vocês, e serão minhas testemunhas em Jerusalém, em toda a Judeia e Samaria, e até os confins da terra (Atos 1:8).

Eu aceitei o Senhor depois de ter sido curado pelo poder de Deus de todas as minhas doenças, contra as quais a medicina não havia conseguido fazer. Mais tarde, fui ungido para ser servo do Senhor Jesus Cristo e tenho pregado o evangelho a todos os povos e operado sinais e maravilhas.

Como prometido no versículo acima, muitas pessoas se tornam filhas de Deus ao receberem o Espírito Santo e dedicarem suas vidas à pregação do evangelho de Jesus Cristo, com o poder do Espírito. É assim que o evangelho tem sido espalhado a todo o mundo e inúmeras pessoas hoje têm encontrado o Deus vivo e aceitado Jesus Cristo.

E disse-lhes: "Vão pelo mundo todo e preguem o evangelho a todas as pessoas. Quem crer e for batizado será salvo, mas quem não crer será condenado. Estes sinais acompanharão os que crerem: em meu nome expulsarão demônios; falarão novas línguas; pegarão em serpentes; e, se beberem algum veneno mortal, não lhes fará mal nenhum; imporão as mãos sobre os doentes, e estes ficarão curados" (Marcos 16:15-18).

53

Igreja do Sepulcro Sagrado em Gólgota, o Monte do Calvário, em Jerusalém.

Capítulo 2

O MESSIAS ENVIADO POR DEUS

Deus Promete o Messias

Israel perdia a soberania constantemente e então sofria invasões e se via sujeito ao governo como o da Pérsia e de Roma. Através de Seus profetas, Deus prometeu grandes coisas a ele sobre o Messias, que viria como seu Rei. Não havia nenhuma fonte maior de esperança para os afligidos israelitas que as promessas de Deus sobre o Messias.

Porque um menino nos nasceu, um filho nos foi dado, e o governo está sobre os seus ombros. E ele será chamado Maravilhoso Conselheiro, Deus Poderoso, Pai Eterno, Príncipe da Paz. Ele estenderá o seu domínio, e haverá paz sem fim sobre o trono de Davi e sobre o seu reino, estabelecido e mantido com justiça e retidão, desde agora e para sempre. O zelo do SENHOR dos Exércitos fará isso (Isaías 9:6-7).

Alegre-se muito, cidade de Sião! Exulte, Jerusalém! Eis que o seu rei vem a você, justo e vitorioso, humilde e montado num jumento, um jumentinho, cria de jumenta. Ele destruirá os carros de guerra de Efraim e os cavalos de Jerusalém, e os arcos de batalha serão

57

quebrados. Ele proclamará paz às nações e dominará
de um mar a outro, e do Eufrates até os confins da terra
(Zacarias 9:9-10).

Israel tem esperado pelo Messias até os dias de hoje. O que
está atrasando a vinda do Messias a quem Israel tanto espera e
prevê? Muitos judeus querem uma resposta a essa pergunta, mas
a resposta já está no fato de eles não conhecerem o Messias que
já veio.

Jesus, o Messias, Sofreu, Assim Como Havia Sido Profetizado por Isaías

O Messias que Deus prometeu a Israel e realmente enviou
é Jesus. Jesus nasceu em Belém, na Judeia, há alguns milhares
de anos e, quando o tempo certo chegou, morreu na cruz,
ressuscitou e abriu o caminho da salvação a toda a humanidade.
Os judeus de Seu tempo, entretanto, não O reconheceram como
o Messias pelo qual eles esperavam, pois Jesus era totalmente
diferente da imagem do Messias que eles previam.

Os judeus estavam cansados por causa de longos períodos
de governo colonial e esperavam um Messias potente, que lhes
resgataria de seu conflito político. Eles achavam que o Messias
viria como o Rei de Israel, colocaria um fim a todas as guerras, e
os resgataria da perseguição e opressão, dando-lhes a verdadeira
paz e exaltando-os sobre todas as nações.

Contudo, Jesus não veio a este mundo em esplendor e majestade digna de uma realeza, mas nasceu como um simples filho de um pobre carpinteiro. Não libertou Israel da opressão de Roma nem restaurou sua glória. Ele veio a este mundo para restaurar a humanidade que estava destinada à destruição desde o pecado de Adão e fazer dela os filhos de Deus.

Por essas razões, os judeus não reconheceram Jesus como o Messias, mas crucificaram-No. Se estudarmos a imagem do Messias registrada na Bíblia, no entanto, veremos que certamente o Messias é Jesus.

Ele cresceu diante dele como um broto tenro e como uma raiz saída de uma terra seca. Ele não tinha qualquer beleza ou majestade que nos atraísse, nada havia em sua aparência para que o desejássemos. Foi desprezado e rejeitado pelos homens, um homem de dores e experimentado no sofrimento. Como alguém de quem os homens escondem o rosto, foi desprezado, e nós não o tínhamos em estima (Isaías 53:2-3).

Deus disse aos israelitas que o Messias, Rei de Israel, não teria qualquer beleza ou majestade ou aparência que nos atrairia a Ele, mas seria desprezado e rejeitado pelos homens. Ainda assim, os israelitas não reconheceram Jesus como o Messias que Deus lhes havia prometido.

Ele foi desprezado e rejeitado pelo povo escolhido de Deus, os israelitas, mas Deus colocou Jesus Cristo acima de todas as nações e inúmeras pessoas já O aceitaram como seu Salvador até hoje.

Como escrito no Salmo 118:22-23: *"A pedra que os construtores rejeitaram tornou-se a pedra angular. Isso vem do SENHOR e é algo maravilhoso para nós"*. A providência da salvação da espécie humana foi cumprida por Jesus a quem Israel rejeitou.

Jesus não tinha a aparência do Messias que o povo de Israel esperava ver, mas podemos entender que Jesus é o Messias sobre o qual Deus profetizou através de Seus profetas.

Tudo, incluindo a glória, a paz e a restauração que Deus nos prometeu por meio do Messias, está conectado ao mundo espiritual e Jesus, que veio a este mundo para cumprir a tarefa de ser o Messias, disse: *"O meu Reino não é deste mundo"* (João 18:36).

O Messias sobre o qual Deus profetizou não era um rei com autoridades terrenas e glória. O Messias não viria a este mundo para que os filhos de Deus pudessem desfrutar de riquezas, reputação e honra durante sua temporária vida neste mundo. Ele viria para salvar o Seu povo de seus pecados e levá-los a desfrutar da alegria e glória eternas no céu para todo o sempre.

Naquele dia as nações buscarão a Raiz de Jessé, que será como uma bandeira para os povos, e o seu lugar de descanso será glorioso (Isaías 11:10).

O Messias prometido não viria ao mundo apenas para o povo escolhido de Deus, mas também para cumprir a promessa de salvação para todos os que aceitassem a promessa de Deus sobre o Messias pela fé, seguindo os passos da fé de Abraão. Resumindo, o Messias viria ao mundo para cumprir a promessa de Deus sobre a salvação, como o Salvador de todas as nações da terra.

A Necessidade de Um Salvador para Toda a Humanidade

Por que o Messias viria a este mundo não apenas para a salvação do povo de Israel, mas também para toda a humanidade?

Em Gênesis 1:28, Deus abençoou Adão e Eva e lhes disse: *"Sejam férteis e multipliquem-se! Encham e subjuguem a terra! Dominem sobre os peixes do mar, sobre as aves do céu e sobre todos os animais que se movem pela terra"*.

Depois de criar o primeiro homem, Adão, e colocá-lo como o mestre de todas as criaturas, Deus deu ao homem a autoridade de "subjugar" e "dominar" a terra. Contudo, quando Adão comeu da árvore do conhecimento do bem e do mal, a qual Deus havia proibido que comesse, e cometeu o pecado da desobediência na tentação da serpente instigada por Satanás, Adão deixou de ter tal autoridade.

Quando obedeciam à palavra de retidão de Deus, Adão e Eva

61

eram escravos da justiça e desfrutavam das autoridades que Deus lhes tinha dado, mas depois que pecaram, tornaram escravos do pecado e da maldade e foram forçados a renunciá-las (Romanos 6:16). Portanto, toda a autoridade que Adão havia recebido de Deus foi passada para o diabo.

Em Lucas 4, o diabo tentou Jesus, que tinha acabado de jejuar por quarenta dias, três vezes. Ele mostrou a Jesus todos os reinos do mundo e disse-Lhe: *"Eu te darei toda a autoridade sobre eles e todo o seu esplendor, porque me foram dados e posso dá-los a quem eu quiser. Então, se me adorares, tudo será teu"* (Lucas 4:6-7). O diabo sugere que "a autoridade e todo o seu esplendor" "me foram dados", passados de Adão para ele, e que ele também pode passá-los para outra pessoa.

Sim, Adão perdeu toda a autoridade e passou-a ao diabo e, como consequência, ele se tornou escravo dele. Desde então, Adão acumulou pecado sobre pecado sob o controle do diabo e foi colocado em um caminho de morte, que é o salário do pecado. Isso não parou em Adão, mas afetou todos os seus descendentes, que herdariam seu pecado original através de influências hereditárias. Eles também foram colocados sob a autoridade do pecado e governados pelo diabo e Satanás, sendo assim, destinados à morte.

Eis aí o motivo da necessidade da vinda de um Messias. Não apenas os israelitas, o povo escolhido de Deus, mas também todos os povos do mundo precisavam do Messias que pudesse resgatá-los da autoridade de Satanás.

Qualificações do Messias

Assim como há leis neste mundo, existem regras e regulamentos no mundo espiritual também. São as leis espirituais que decidem se uma pessoa morrerá ou será perdoada de seus pecados e será salva.

Quais são as qualificações que uma pessoa deve ter para se tornar o Messias e salvar toda a humanidade das maldições da Lei?

A provisão quanto às qualificações do Messias pode ser encontrada na lei que Deus deu ao Seu escolhido. A lei em relação ao resgate da terra.

A terra não poderá ser vendida definitivamente, porque ela é minha, e vocês são apenas estrangeiros e imigrantes. Em toda terra em que tiverem propriedade, concedam o direito de resgate da terra. Se alguém do seu povo empobrecer e vender parte da sua propriedade, seu parente mais próximo virá e resgatará aquilo que o seu compatriota vendeu (Levítico 25:23-25).

A Lei sobre o Resgate da Terra Contém Segredos sobre as Qualificações do Messias

Os israelitas, povo escolhido de Deus, agiam segundo as leis. Portanto, em transações para comprar e vender terras, eles aderiam à lei do resgate da terra registrada na Bíblia. Diferente das leis sobre terras de outras nações, a lei de Israel deixava claro no contrato que a terra não seria vendida permanentemente, mas poderia ser comprada de volta mais tarde. Fala que um parente rico pode resgatar a terra para um membro de sua família que a vendeu. Se a pessoa não tem nenhum parente rico o bastante para resgatá-la, mas recuperou-se financeiramente o suficiente para o resgate da terra, e lei permite que seu dono original a resgate.

Então, como a lei do resgate de terra em Levítico está relacionada com as qualificações do Messias?

Para que entendamos melhor, precisamos manter em mente o fato de que o homem foi formado do pó da terra. Em Gênesis 3:19, Deus disse a Adão: *"Com o suor do seu rosto você comerá o seu pão, até que volte à terra, visto que dela foi tirado; porque você é pó, e ao pó voltará"*. Em Gênesis 3:23 também lemos: *"Por isso o SENHOR Deus o mandou embora do jardim do Éden para cultivar o solo do qual fora tirado"*.

Deus disse a Adão: "Porque você é pó"; e "a terra" significa espiritualmente que o homem foi formado do pó da terra. Assim, a lei do resgate de terra referente à venda e compra de terra está diretamente relacionada à lei do mundo espiritual que diz respeito à salvação da humanidade.

Segundo a lei do resgate de terra, a Deus pertencem todas as terras e nenhum homem pode vendê-las permanentemente. Da mesma maneira, toda a autoridade que Adão recebeu de Deus pertencia originalmente a Deus e ninguém podia, portanto, vendê-la permanentemente. Se alguém ficasse pobre e vendesse sua terra, a terra poderia ser resgatada, quando a pessoa apropriada para seu resgate aparecesse. Semelhantemente, o diabo teve de devolver a autoridade a ele passada por Adão, quando um indivíduo que pôde resgatá-la apareceu.

Baseados na lei do resgate de terra, o Deus de amor e justiça preparou um indivíduo que poderia recuperar toda a autoridade que Adão tinha passado para o diabo. Esse indivíduo é o Messias e o Messias é Jesus Cristo, que já havia sido preparado desde a eternidade e foi enviado pelo próprio Deus.

Os Requisitos do Salvador e Seu preenchimento por Jesus Cristo

Examinemos por que Jesus é o Messias e o Salvador da humanidade, com base na lei de resgate de terra.

Primeiramente, assim como o redentor da terra tem de ser um parente, o Salvador também deve ser um homem para que possa redimir a humanidade de seus pecados, já que toda ela tornou pecadora através do pecado do primeiro homem Adão. Levítico 25:25 nos diz: *"Se alguém do seu povo empobrecer e vender parte da sua propriedade, seu parente mais próximo virá e resgatará aquilo que o seu compatriota vendeu".* Se uma pessoa não mais conseguisse ficar com sua terra e a vendesse, o seu parente mais próximo poderia comprá-la de volta. Da mesma forma, pelo fato de o primeiro homem, Adão, ter pecado e ter passado a autoridade que havia recebido de Deus para o diabo, o resgate dessa autoridade pode e tem de ser realizado por um homem, o "parente mais próximo" de Adão.

Como encontramos em 1 Coríntios 15:21: *"Visto que a morte veio por meio de um só homem, também a ressurreição dos mortos veio por meio de um só homem"*, a Bíblia reafirma que a redenção ou o resgate dos pecadores não podia ser realizado por anjos ou bestas, mas apenas por um homem. A humanidade foi colocada em um caminho de morte por causa do pecado de Adão e alguém tinha de redimi-la de seu pecado, e somente um semelhante, o "parente mais próximo" de Adão é que poderia fazê-lo.

Embora Jesus possuísse tanto a natureza humana como a divina como Filho de Deus, Ele nasceu como ser humano, para redimir a humanidade de seus pecados (João 1:14) e experimentou o crescimento. Como ser humano, Jesus dormiu e sentiu fome e sede, dor e alegria. Quando Ele foi pendurado na cruz, Ele sangrou e sofreu.

No próprio contexto histórico há uma prova inegável que

atesta o fato de que Jesus veio a este mundo como ser humano. O Seu nascimento dividiu a história da humanidade, sendo "a.C." Antes de Cristo (em inglês "B.C." – Before Christ), e "d.C." Depois de Cristo (em inglês "A.D." – Anno Domini, ou No Ano do Nosso Senhor). Isso confirma que Jesus esteve neste mundo como homem. Portanto, Jesus preenche o primeiro requisito para ser o Salvador, pois Ele veio à terra como homem.

Em segundo lugar, assim como o redentor de terras não podia resgatar nenhuma terra se ele fosse pobre, um descendente de Adão não podia resgatar a humanidade de seus pecados, já que Adão pecou e todos os seus descendentes já nascem com o pecado original. O Salvador de toda a humanidade não pode ser um descendente de Adão.

Se um irmão quisesse pagar a dívida de sua irmã, ele em si não deveria ter nenhuma dívida. Da mesma maneira, uma pessoa que irá redimir outras de seus pecados não pode ter pecado. Se o redentor é pecador, ele se encontra escravo do pecado. Como, então, poderia ele redimir outras pessoas de seus pecados?

Depois que Adão cometeu o pecado da desobediência, todos os seus descendentes nasceram com o pecado original. Assim sendo, nenhum descendente seu poderia jamais ser o Salvador.

Humanamente falando, Jesus é descendente de Davi e Seus pais são José e Maria. Mateus 1:20, entretanto, nos diz: *"Mas, depois de ter pensado nisso, apareceu-lhe um anjo do Senhor em sonho e disse: José, filho de Davi, não tema receber Maria como sua esposa, pois o que nela foi gerado procede do*

67

Espírito Santo".

Todo indivíduo nasce com o pecado original, porque herda os atributos pecaminosos de seus pais através do esperma de seu pai e do óvulo de sua mãe. Contudo, Jesus não foi concebido pelo esperma de José e óvulo de Maria, mas pelo poder do Espírito Santo. É por isso que ela engravidou antes de dormir com José. O Deus de Poder pode fazer com que uma criança seja concebida pelo poder do Espírito Santo, sem que a união entre óvulo e espermatozóide aconteça. Jesus apenas "pegou emprestado" o corpo da virgem Maria. Como Ele foi concebido pelo poder do Espírito Santo, Ele não herdou nenhum atributo dos pecadores. Como Jesus não é descendente de Adão e não tem pecado original, Ele também preenche o segundo requisito para ser o Salvador.

Em terceiro lugar, assim como o redentor da terra deveria ser rico o bastante para resgatá-la, o Salvador de toda a humanidade deve ter o poder para derrotar o diabo e salvar a espécie humana do mal.

Levítico 25:26-27 nos diz: *"Se, contudo, um homem não tiver quem lhe resgate a terra, mas ele mesmo prosperar e adquirir recursos para resgatá-la, calculará os anos desde que a vendeu e devolverá a diferença àquele a quem a vendeu; então poderá voltar para a sua propriedade".* Em outras palavras, para que um pessoa comprasse uma terra de volta, ela tinha de possuir os devidos "recursos".

Resgatar prisioneiros de Guerra requer que uma parte tenha

o poder de derrotar o inimigo e pagar a dívida de outras pessoas e requer que a pessoa que o faz tenha as devidas condições financeiras. Da mesma forma, resgatar toda a humanidade da autoridade do diabo requer que o Salvador possua o poder para derrotá-lo.

Antes de pecar, Adão possuía o poder de governar sobre todas as criaturas, mas depois que pecou, ele se tornou sujeito à autoridade do diabo. A partir disso, podemos ver que o poder para derrotar o diabo vem de alguém que nunca pecou.

Jesus, o Filho de Deus, foi completamente sem pecado. Uma vez que Ele foi concebido pelo Espírito Santo, e não por um descendente de Adão, Ele não tinha o pecado original. Além do mais, como Ele só andou segundo a Lei durante toda a Sua vida, Jesus não teve pecado algum. Por essa razão, o apóstolo Pedro disse que *"Ele não cometeu pecado algum, e nenhum engano foi encontrado em sua boca. Quando insultado, não revidava; quando sofria, não fazia ameaças, mas entregava-se àquele que julga com justiça"* (1 Pedro 2:22-23).

Como Ele não teve pecado algum, Jesus teve o poder e autoridade para derrotar o diabo e salvar a humanidade. Suas inúmeras manifestações de sinais miraculosos e maravilhas dão testemunho disso. Jesus curou enfermos, expulsou demônios, fez o cego enxergar, o surdo ouvir e o aleijado andar. Jesus até acalmou o mar violento e ressuscitou mortos.

O fato que Jesus era sem pecado foi reafirmado pela Sua ressurreição. De acordo com as leis do mundo espiritual, pecadores têm de enfrentar a morte (Romanos 6:23). Como Ele não teve nenhum pecado, Jesus não foi colocado sob o domínio da morte. Deu o último suspiro na cruz e Seu corpo foi colocado em um sepulcro, mas no terceiro dia Ele ressuscitou.

Mantenha em mente que grandes pais da fé como Enoque e Elias foram arrebatados vivos sem experimentar a morte, pois não tinham pecado e se tornaram totalmente santificados. Semelhantemente, no terceiro dia depois de Seu sepultamento, Jesus despedaçou a autoridade de Satanás através da Ressurreição, e se tornou o Salvador de toda a humanidade.

Em quarto lugar, assim como o redentor da terra tinha de ter amor por seu parente para resgatá-la, o Salvador da humanidade também deveria possuir amor, através do qual Ele entregaria a Sua vida por outros.

Mesmo se o Salvador preenchesse os três primeiros requisitos mencionados anteriormente e não tivesse amor, Ele não poderia ser o Salvador da humanidade. Suponha que um irmão tem uma dívida de $100,000 e sua irmã é uma multimilionária. Sem amor, a irmã pagaria a dívida de sua irmã e sua grande riqueza não significaria nada para seu irmão.

Jesus veio ao mundo como ser humano, não foi descendente de Adão e teve o poder de derrotar o diabo e salvar a humanidade, porque não tinha pecado algum. Entretanto, se Ele não tivesse amor, Ele não teria redimido a humanidade de seus pecados. Jesus redimir os pecados da humanidade significa que Ele receberia o castigo da morte em nome dela. Para que Ele redimisse a humanidade de seus pecados, Ele tinha de ser crucificado como um dos piores pecadores do mundo, sofrer todos os tipos de desprezo e desdém e derramar Seu sangue e água até a morte. Como o amor de Jesus pela humanidade era tão intenso e Ele queria redimi-la de Seus pecados, Ele não se preocupou consigo mesmo com relação ao castigo da crucificação.

Então, por que Jesus teve de ser pendurado em uma cruz de madeira e derramar Seu sangue até a morte? Como Deuteronômio 21:23 nos diz: *"não deixem o corpo no madeiro durante a noite. Enterrem-no naquele mesmo dia, porque qualquer que for pendurado num madeiro está debaixo da maldição de Deus. Não contaminem a terra que o SENHOR, o seu Deus, lhes dá por herança"*, Jesus foi pendurado num madeiro para redimir toda a humanidade da maldição do pecado à qual estava presa.

Além disso, como Levítico 17:11 diz: *"Pois a vida da carne está no sangue, e eu o dei a vocês para fazerem propiciação por si mesmos no altar; é o sangue que faz propiciação pela vida"*, não há perdão de pecados sem derramamento de sangue.

Levítico também nos diz que a melhor farinha amassada podia ser oferecida a Deus ao invés do sangue de animais. Essa medida, entretanto, era para aqueles que não tinham condições de oferecer animais. Na verdade, não era com esse tipo de oferta de sangue que Deus se alegrava. Jesus nos redimiu de nossos pecados sendo pendurado no madeiro e sangrando até morrer. Quão maravilhoso é o amor de Jesus, para Ele ter derramado Seu sangue na cruz e ter aberto o caminho da salvação para aqueles que escarneceram Dele e O crucificaram, mesmo Ele tendo curado todos os tipos de doenças, tê-los libertado da maldade e ter feito só coisas boas!

Baseados na lei do regaste de terra, concluímos que só Jesus preenche os requisitos do Salvador que pode redimir a humanidade de seus pecados.

O Caminho da Salvação da Humanidade Preparado Antes do Início dos Tempos

O caminho para a salvação da humanidade foi aberto quando Jesus morreu na cruz e ressuscitou no terceiro dia, despedaçando a autoridade da morte. A vinda de Jesus a este mundo para cumprir a providência da salvação da espécie humana e o fato de Ele ser o Messias foram coisas já preditas desde quando Adão pecou.

Em Gênesis 3:15, Deus disse à serpente que tentou a mulher: *"Porei inimizade entre você e a mulher, entre a sua descendência e o descendente dela; este lhe ferirá a cabeça, e você lhe ferirá o calcanhar"*. Aqui, "a mulher" simboliza espiritualmente o povo escolhido de Deus, Israel, e "a serpente" simboliza o diabo e Satanás, que se opõem a Deus. Quando foi dito que a descendência da "mulher" feriria a cabeça da serpente, significa que o Salvador da humanidade viria para o meio dos israelitas e derrotaria o poder da morte e do diabo. Uma serpente com a cabeça ferida nada pode fazer. Da mesma forma, quando Deus disse à serpente que a descendência da mulher a feriria na cabeça, Ele profetizou que o Cristo da humanidade nasceria de Israel, destruiria a autoridade de Satanás e salvaria os pecadores da escravidão.

Como o diabo ficou ciente do que estava para acontecer, ele tentou matar a descendência da mulher antes que o Messias o ferisse na cabeça. Ele acreditava que se ele matasse a descendência da mulher, poderia desfrutar eternamente da autoridade que lhe havia sido passada. Assim, como o inimigo não sabia quem seria a descendência da mulher, ele começou a tramar a morte dos amados profetas fiéis a Deus, desde os tempos do Velho Testamento. Quando Moisés nasceu, o inimigo instigou o Faraó do Egito a matar todos os bebês do sexo masculino (Êxodo 1:15-22) e, quando Jesus veio ao mundo em carne, ele falou ao coração do rei Herodes, fazendo-o matar novamente todos os meninos de Belém e seus arredores, com menos de dois anos de idade. Por isso Deus fez com que a família de Jesus fugisse para o Egito.

Por fim, Jesus cresceu sob o cuidado do próprio Deus e começou o Seu ministério aos trinta anos. Segundo a vontade de Deus, Jesus passou pela Galileia, ensinando em sinagogas, curando todo tipo de doença e enfermidade, ressuscitando mortos e pregando o evangelho do reino dos céus aos pobres.

O inimigo instigou sacerdotes, escribas e fariseus e começou a tramar formas de matar Jesus através deles. Contudo, os maus não conseguiram sequer encostar em Jesus antes do tempo de Deus. Só quando o fim dos três anos de ministério de Jesus chegou foi que Deus permitiu que O prendessem e crucificassem, a fim de que a providência da salvação da humanidade fosse cumprida através de Sua crucificação.

Cedendo à pressão dos judeus, o governador romano Pôncio Pilatos sentenciou Jesus à morte de cruz e os soldados romanos então colocaram Nele uma coroa de espinhos e pregaram Suas mãos e pés no madeiro.

A morte de cruz era um dos castigos mais cruéis usados para a execução de criminosos. Quando o diabo viu Jesus crucificado pelos homens, como ele deve ter-se regozijado! Ele esperava que mais nada ou ninguém fosse impedir o sucesso de seu reino no mundo e cantou músicas e dançou. Todavia, a providência de Deus ainda se revelaria.

"Ao contrário, falamos da sabedoria de Deus, do mistério que estava oculto, o qual Deus preordenou, antes do princípio das eras, para a nossa glória. Nenhum dos poderosos desta era o entendeu, pois, se o tivessem entendido, não teriam crucificado o Senhor da glória. Todavia, como está escrito: Olho nenhum viu, ouvido nenhum ouviu, mente nenhuma imaginou o que Deus preparou para aqueles que o amam" (1 Coríntios 2:7-8).

Uma vez que Deus é justo, Ele não faz absolutamente nada que contrarie as leis espirituais, mas faz tudo de acordo com elas. Assim, Ele havia pavimentado o caminho da salvação da humanidade antes do início dos tempos com as Suas leis.

Segundo a lei espiritual que diz que "o salário do pecado é a morte" (Romanos 6:23), se uma pessoa não pecar, ela não pode experimentar a morte. Entretanto, o inimigo crucificou Jesus, que era e é sem pecado, culpa ou mancha, violando uma lei do mundo espiritual. Ele então recebeu uma punição e teve de renunciar a autoridade que lhe havia sido passada por Adão, quando este cometeu o pecado da desobediência. Em outras palavras, o diabo foi forçado a libertar todas as pessoas que aceitassem Jesus como seu Salvador e cressem em Seu nome.

Se o diabo soubesse dos planos de Deus, ele jamais teria crucificado Jesus. Mas como ele não tinha a mínima ideia desse segredo, ele fez com que Jesus, sem pecado algum, fosse morto, crendo piamente que tal fato asseguraria seu governo sobre o mundo para sempre. Entretanto, na realidade, o diabo caiu em sua própria armadilha e acabou violando uma lei no mundo espiritual. Quão maravilhosa é a sabedoria de Deus!

A verdade é que o inimigo se tornou um instrumento para o cumprimento da providência de Deus para a salvação da humanidade e, como profetizado em Gênesis, sua cabeça foi "ferida" pela descendência da mulher.

Pela providência e sabedoria de Deus, Jesus, sem pecado algum, morreu a fim de redimir toda a humanidade de seus pecados e, ressuscitando ao terceiro dia, Ele estraçalhou a autoridade da morte e do diabo, tornando-Se o Rei dos reis e Senhor dos senhores. Ele abriu a porta da salvação, para que pudéssemos ser justificados através da fé em Jesus Cristo.

Assim sendo, no decorrer da história da humanidade, inúmeras pessoas já foram salvas através da fé em Jesus Cristo e ainda muito mais estão aceitando o Senhor Jesus Cristo nos dias de hoje.

Recebendo o Espírito Santo através da Fé em Jesus Cristo

Por que recebemos a salvação quando cremos em Jesus Cristo? Ao aceitá-Lo como nosso Salvador, recebemos o Espírito Santo de Deus. Quando recebemos o Espírito Santo, nossos espíritos, que estavam mortos, são reavivados. Como o Espírito Santo é o poder e o coração de Deus, Ele guia os filhos de Deus na verdade e ajuda-os a viver segundo a vontade do Pai.

Portanto, aqueles que verdadeiramente creem em Jesus Cristo como seu Salvador, seguem os desejos do Espírito Santo e fazem de tudo para viver segundo a palavra de Deus. Eles se livram do ódio, do temperamento forte ("esquentadinho"), dos ciúmes, da inveja, do julgamento e condenação de outros e do adultério, e andam em bondade e verdade, entendendo, servindo e amando os outros.

Como mencionado anteriormente, quando o primeiro homem Adão pecou comendo da árvore do conhecimento do bem e do mal, o espírito do homem morreu e ele foi colocado em um caminho de destruição. Entretanto, quando recebemos o Espírito Santo, nossos espíritos mortos são reavivados e quanto mais buscamos satisfazer os desejos do Espírito e andamos na palavra da verdade de Deus, mais nos tornamos homens e mulheres de verdade e recuperamos a imagem perdida de Deus.

Quando caminhamos na palavra da verdade de Deus, nossa fé é reconhecida como "fé genuína" e, como nossos pecados são lavados pelo sangue de Jesus, de acordo com nossas obras de fé, podemos receber a salvação. Por isso 1 João 1:7 nos diz: *"Se, porém, andarmos na luz, como ele está na luz, temos comunhão uns com os outros, e o sangue de Jesus, seu Filho, nos purifica de todo pecado".*

É assim que alcançamos a salvação pela fé, depois de recebermos o perdão pelos nossos pecados. Contudo, se apesar de nossa confissão de fé andarmos no pecado, tal confissão é mentira e, portanto, o sangue do nosso Senhor Jesus Cristo não pode nos redimir dos pecados e nem nos garantir a salvação.

Obviamente, a história é diferente para pessoas que acabaram de receber Jesus Cristo. Mesmo se elas não estiverem andando na verdade ainda, Deus examinará seus corações, crerá que elas serão transformadas, e as guiará à salvação, quando se empenharem em marchar em direção à verdade.

Jesus Cumpre as Profecias

A palavra de Deus sobre o Messias, profetizada pelos profetas, foi cumprida por Jesus. Cada aspecto de Sua vida, do nascimento e ministério à crucificação, morte e ressurreição, já fazia parte da providência de Deus de fazer Dele o Messias e Salvador da humanidade.

Jesus Nascido de uma Virgem em Belém

Deus profetizou o nascimento de Jesus através do profeta Isaías. No tempo escolhido por Deus, Seu grande poder desceu a uma mulher de pureza chamada Maria, em Nazaré na Galileia, e ela ficou grávida de um menino.

Por isso o Senhor mesmo lhes dará um sinal: a virgem ficará grávida e dará à luz um filho, e o chamará Emanuel (Isaías 7:14).

Assim como Deus prometeu ao povo de Israel que não haveria fim para a linhagem de reis na Casa de Davi, Ele fez com que o Messias viesse de uma mulher chamada Maria, que estava para casar-se com José, descendente de Davi. Como um descendente de Adão nascido com o pecado original não podia remir a humanidade de seus pecados, Deus cumpriu a profecia fazendo com que a virgem Maria desse à luz a Jesus antes de se casar com José.

Mas tu, Belém-Efrata, embora pequena entre os clãs de Judá, de ti virá para mim aquele que será o governante sobre Israel. Suas origens estão no passado distante, em tempos antigos (Miquéias 5:2).

A Bíblia profetizou que Jesus nasceria em Belém. De fato, Jesus nasceu em Belém, na Judeia, nos tempos do Rei Herodes (Mateus 2:1), e a história confirma esse evento.

Quando Jesus nasceu, o rei Herodes temia uma ameaça ao seu trono e tentou matar Jesus. Como ele não conseguiu achar o bebê, matou todos os meninos de Belém e vizinhança de menos de dois anos de idade, o que fez, portanto, com que houvesse pranto e lamento por todas as regiões afetadas.

Se Jesus não tivesse vindo a este mundo como o verdadeiro Rei dos judeus, por que um rei sacrificaria tantas crianças para matar um bebê? Essa tragédia aconteceu porque o diabo, que queria matar o Messias com medo de perder o reino do mundo, tocou no coração do rei Herodes, que tinha medo de perder a sua coroa, e fez com que ele cometesse tamanha atrocidade.

Jesus Testifica o Deus Vivo

Antes de começar o Seu ministério, Jesus guardou completamente a Lei durante todos os Seus 30 anos de vida. Quando então atingiu a idade de se tornar sacerdote, Ele começou a executar Seu ministério e tornou-Se o Messias, como já planejado há muito tempo atrás.

Espírito do Soberano, o SENHOR, porque o SENHOR me ungiu para levar boas notícias aos pobres. Enviou-me para cuidar dos que estão com o coração quebrantado, anunciar liberdade aos cativos e libertação das trevas aos prisioneiros, para proclamar o ano da bondade do SENHOR e o dia da vingança do nosso Deus; para consolar todos os que andam tristes, e dar a todos os que choram em Sião uma bela coroa em vez de cinzas, o óleo da alegria em vez de pranto, e um manto de louvor em vez de espírito deprimido. Eles serão chamados carvalhos de justiça, plantio do SENHOR, para manifestação da sua glória (Isaías 61:1-3).

Como podemos ver na profecia acima, Jesus resolveu todos os problemas da vida com o poder de Deus e confortou o triste e, no tempo de Deus, foi para Jerusalém para sofrer a Paixão.

Alegre-se muito, cidade de Sião! Exulte, Jerusalém!

Eis que o seu rei vem a você, justo e vitorioso, humilde e montado num jumento, um jumentinho, cria de jumenta (Zacarias 9:9).

Como já dizia a profecia de Zacarias, Jesus entrou na cidade de Jerusalém em um jumento. As multidões gritaram "Hosana ao Filho de Davi!" *"Bendito é o que vem em nome do Senhor!" "Hosana nas alturas!"* (Mateus 21:9), e havia grande agitação por toda a cidade. As pessoas se regozijavam porque Jesus manifestara grandes sinais e maravilhas como andar sobre as águas e ressuscitar mortos. Em breve, entretanto, as multidões também O estariam traindo e crucificando-O.

Ao verem as grandes multidões que seguiam Jesus para ouvir Suas palavras de autoridade e ver as manifestações do poder de Deus, sacerdotes, fariseus e escribas sentiram que sua posição na sociedade estava sendo ameaçada. Assim, com grande ódio de Jesus, tramaram matá-Lo. Produziram todo tipo de provas falsas contra Ele e acusaram-No de enganar e incitar as pessoas. Jesus operou maravilhosas obras com o poder de Deus, que não poderiam ter acontecido se não fosse algo que o próprio Deus Lhe houvesse dado, mas ainda assim tentaram se livrar de Jesus.

No fim, um dos discípulos de Jesus O traiu em troca de trinta moedas de prata e ajudou os sacerdotes a prendê-Lo. As profecias de Zacarias sobre as trinta moedas de prata diziam: *"Eu lhes disse: Se acharem melhor assim, paguem-me; se não, não me paguem. Então eles me pagaram trinta moedas de prata. E o SENHOR me disse: "Lance isto ao oleiro", o ótimo preço pelo qual me avaliaram! Por isso tomei as trinta moedas de prata e as atirei no templo do SENHOR, para o oleiro"* (Zacarias 11:12-13).

Mais tarde, o homem que traiu Jesus por trinta moedas de prata não conseguiu superar seu sentimento de culpa e lançou-as no santuário do templo. Entretanto, os sacerdotes gastaram tal dinheiro comprando o Campo do Oleiro (Mateus 27:3-10).

A Paixão e a Morte de Jesus

Como o profeta Isaías profetizou, Jesus sofreu a Paixão a fim de salvar todas as pessoas. Pelo fato de Ele ter vindo ao mundo para cumprir a providência de redimir o Seu povo de seus pecados, Ele foi pendurado e morto em uma cruz de madeira, que era símbolo de maldição, e foi sacrificado a Deus como oferta pela culpa da humanidade.

Certamente ele tomou sobre si as nossas enfermidades e sobre si levou as nossas doenças; contudo nós o consideramos castigado por Deus, por Deus atingido e afligido. Mas ele foi transpassado por causa das nossas transgressões, foi esmagado por causa de nossas iniqüidades; o castigo que nos trouxe paz estava sobre ele, e pelas suas feridas fomos todos nós; tal qual ovelhas, nos desviamos, cada um de nós se voltou para o seu próprio caminho; e o SENHOR fez cair sobre ele a iniqüidade de todos nós. Ele foi oprimido e afligido; e, contudo, não abriu a sua boca; como um cordeiro foi levado para o matadouro, e como uma ovelha que diante de seus tosquiadores fica calada, ele não abriu a sua boca. Com julgamento opressivo ele foi levado. E quem pode falar dos seus descendentes? Pois ele foi eliminado da terra dos viventes; por causa da transgressão do meu povo ele foi golpeado. Foi-lhe dado um túmulo com os ímpios, e com os ricos em sua morte, embora não tivesse cometido nenhuma violência nem houvesse nenhuma mentira em sua boca. Contudo, foi da vontade do SENHOR esmagá-lo e fazê-lo sofrer e, embora o SENHOR tenha feito da vida dele uma oferta pela culpa, ele verá sua prole e prolongará seus dias, e a vontade do SENHOR prosperará em sua mão (Isaías 53:4-10).

Durante os tempos do Velho Testamento, o sangue de animais era oferecido a Deus cada vez que um indivíduo pecasse contra Ele. Contudo, Jesus derramou o Seu sangue puro sem o pecado original ou outro que poderia ter sido cometido por Ele e, "um único sacrifício pelos pecados", fez com que todos os homens pudessem receber o perdão por seus pecados e ter a vida eterna (Hebreus 10:11-12). Portanto, Ele pavimentou o caminho para o perdão de pecados e salvação através da fé Nele e nós não precisamos mais sacrificar o sangue de animais.

Quando Jesus deu Seu último suspiro na cruz, o véu do templo se rasgou em dois de alto a baixo (Mateus 27:51). O véu do templo era uma grande cortina que separava o Santo dos Santos do Santo Lugar no Templo, e nenhuma pessoa ordinária podia entrar no Santo Lugar. Somente o sumo sacerdote é que podia entrar no Santo dos Santos uma vez por ano.

O fato de o véu do templo ter sido rasgado de alto a baixo simboliza que quando Jesus Se sacrificou como a propiciação, Ele destruiu a parede de pecado entre nós e Deus. Nos tempos do Velho Testamento, os sumos sacerdotes tinham de oferecer sacrifícios a Deus pela redenção dos pecados do povo de Israel e orar a Deus em nome deles. Agora que a parede de pecado que havia entre nós e Deus foi destruída, nós mesmos podemos nos comunicar com Deus. Em outras palavras, qualquer que crê em Jesus Cristo pode entrar no santo santuário de Deus e adorá-Lo e orar a Ele ali.

Por isso eu lhe darei uma porção entre os grandes, e ele dividirá os despojos com os fortes, porquanto ele derramou sua vida até a morte, e foi contado entre os transgressores. Pois ele levou o pecado de muitos, e pelos transgressores intercedeu (Isaías 53:12).

Do jeito que o profeta Isaías havia registrado a Paixão e a Crucificação do Messias, Jesus morreu na cruz pelos pecados de todas as pessoas, e foi contado entre os transgressores. A cada instante em que estava morrendo na cruz, Ele pedia a Deus para perdoar aqueles que O crucificavam.

Pai, perdoa-lhes; pois não sabem o que estão fazendo (Lucas 23:34).

Quando Ele morreu na cruz, a profecia do salmista: *"protege todos os seus ossos; nenhum deles será quebrado"* (Salmo 34:20) foi cumprida. Podemos ver seu cumprimento também em João 19:32-33: *"Vieram, então, os soldados e quebraram as pernas do primeiro homem que fora crucificado com Jesus e em seguida as do outro. Mas quando chegaram a Jesus, constatado que já estava morto, não lhe quebraram as pernas".*

Jesus Cumpre o Seu Ministério de Ser o Messias

Jesus tomou sobre Si os pecados da humanidade na cruz e morreu por ela como oferta pelos seus pecados, mas o cumprimento da providência da salvação não se deu em Sua morte.

Como profetizado no Salmo 16:10: *"porque tu não me abandonarás no sepulcro, nem permitirás que o teu santo sofra decomposição"*, e no Salmo 118:7: *"Não morrerei; mas vivo ficarei para anunciar os feitos do SENHOR"*, o corpo de Jesus não se decompôs e Ele ressuscitou no terceiro dia.

Como também profetizado no Salmo 68:18: *"Quando subiste em triunfo às alturas, ó SENHOR Deus, recebeste homens como dádivas, até mesmo rebeldes, para estabeleceres morada"*, Jesus subiu aos céus e tem esperado pelos últimos dias nos quais Ele completará a cultivação humana e levará os Seus ao céu.

É fácil perceber como que tudo que Deus profetizou sobre o Messias através de Seus profetas foi completamente realizado por Jesus Cristo.

A Morte de Jesus e as Profecias sobre Israel

Israel, o escolhido de Deus, não reconheceu Jesus como o Messias. Contudo, Deus não abandonou o povo que Ele escolheu e está cumprindo, hoje, a Sua providência para a salvação de Israel. Através da própria crucificação de Jesus, Deus profetizou o futuro de Israel, e isso é por causa de Seu grande amor por esse povo e pelo tanto que quer que eles acreditem no Messias que Ele enviou. Deus quer muito que esse povo alcance a salvação.

O Sofrimento por Israel que Crucificou Jesus

Embora o Governador Romano Pôncio Pilatos tenha sentenciado Jesus à crucificação, na verdade, foram os judeus que o convenceram a tomar tal decisão. Pilatos sabia que não havia motivo para matar Jesus, mas as multidões o persuadiram gritando pela crucificação de Jesus, a ponto, inclusive, de começarem uma rebelião.

Confirmando sua decisão de crucificar Jesus, Pilatos pegou um pouco de água e lavou suas mãos na frente da multidão dizendo-lhes: *"Estou inocente do sangue deste homem; a responsabilidade é de vocês"* (Mateus 27:24). Em resposta, os judeus gritaram: *"Que o sangue dele caia sobre nós e sobre nossos filhos!"* (Mateus 27:25)

Em 70 d.C., Jerusalém foi destruída pelo General Romano Tito. O Templo foi destruído e os sobreviventes foram forçados a deixar sua terra natal e peregrinar pelo mundo. Assim, a diáspora começou e durou aproximadamente 2.000 anos. Durante esse período de diáspora, o tormento que o povo de Israel suportou não cabe em palavras.

Quando Jerusalém caiu, mais ou menos 1.1 milhões de judeus foram executados e, durante a II Guerra Mundial, aproximadamente seis milhões de judeus foram massacrados pelos nazistas. Quando mortos pelos nazistas, os judeus foram despidos, lembrando-nos de quando Jesus foi crucificado.

Obviamente, da perspectiva de Israel, eles podem dizer que seu sofrimento não foi consequência de terem crucificado Jesus. Ao olharmos para a história desse povo, entretanto, podemos ver facilmente que Israel era protegido por Deus e era vitorioso quando viviam pela Sua vontade. Quando se distanciaram dela, todavia, os israelitas eram disciplinados e se encontravam sujeitos a sofrimentos e provações.

Dessa maneira, sabemos que o sofrimento de Israel foi sem causa. Se crucificar Jesus tivesse sido algo certo aos olhos de Deus, por que Ele teria deixado esse povo em meio a incessantes e duras aflições por tanto tempo?

As Roupas de Jesus e Sua Túnica, e o Futuro de Israel

Outro incidente responsável pelas coisas que acontecerem a Israel surgiu no lugar onde ocorria a crucificação de Jesus. Como lemos no Salmo 22:18: *"Dividiram as minhas roupas entre si, e lançaram sortes pelas minhas vestes"*, os soldados romanos pegaram as roupas de Jesus e as dividiram em quatro partes – uma para cada soldado – e lançaram sorte para ver quem ficaria com Sua túnica.

Como esse evento está relacionado ao futuro de Israel? Uma vez que Jesus é o Rei dos judeus, Suas roupas simbolizam espiritualmente o povo escolhido de Deus, o estado de Israel e seu povo. Quando as roupas de Jesus foram divididas em quatro partes e suas formas desapareceram, isso foi um sinal da destruição do estado de Israel. Contudo, como o tecido dessas roupas permaneceu, o evento também predisse que mesmo enquanto o estado de Israel desaparecesse, o nome "Israel" permaneceria.

Qual é o significado do fato de os soldados romanos terem pegado as roupas de Jesus e dividi-las em quatro partes, uma para cada soldado? Significa que o povo de Israel seria destruído por Roma e seria executado. Essa profecia também foi cumprida com a queda de Jerusalém e a destruição do estado de Israel, que forçou os judeus a se espalharem por diversas partes do mundo.

Sobre a túnica de Jesus, João 19:23 diz: *"Esta, porém, era sem costura, tecida numa única peça, de alto a baixo"*. O fato de Sua túnica ser "sem costura" mostra que nenhuma camada de tecido foi costurada junto com outra, para formar essa roupa. A maioria das pessoas não liga muito para como suas roupas foram tecidas. Por que, então, a Bíblia registra detalhadamente a estrutura da túnica de Jesus? Será isso uma profecia de eventos que estão para acontecer com o povo de Israel?

A túnica de Jesus simboliza o coração do povo de Israel, o coração com o qual eles servem a Deus. O fato de a túnica ter sido "sem costura, tecida numa única peça" significa que o coração de Israel para com Deus tem durado desde seu pai Jacó e não oscila sob nenhuma circunstância.

Através das Doze Tribos após os tempos de Abraão, Isaque e Jacó, uma nação se formou e o povo de Israel zelou por sua pureza como nação, sem se casar com gentios. Depois da divisão e a formação do Reino de Israel no norte e o Reino de Judá no sul, as pessoas do reino do norte casaram-se com gentios, mas Judá continuou sendo uma nação homogênea. Até hoje, os judeus mantêm a mesma identidade da do tempo de seus pais da fé.

Portanto, apesar de as vestes de Jesus terem sido rasgadas em quatro pedaços, Sua túnica permaneceu intacta. Isso significa que enquanto a aparência do estado de Israel possa desaparecer, o coração de seu povo em relação a Deus e sua fé Nele não podem ser extintos.

Por eles terem esse coração que não oscila, Deus os escolheu como o Seu escolhido e, através deles, Ele tem realizado o Seu plano e vontade até hoje. Mesmo depois da passagem do milênio, o povo de Israel continua aderindo à Lei de forma estrita, pois herdaram o coração imutável de Jacó. Como consequência, quase 1.900 anos depois de terem perdido sua terra, o povo de Israel chocou o mundo, ao declarar sua independência e restauração de seu estado no dia 14 de maio de 1948.

Pois eu os tirarei dentre as nações, os ajuntarei no meio de todas as terras e os trarei de volta para a sua própria terra (Ezequiel 36:24).

Vocês habitarão na terra que dei aos seus antepassados; vocês serão o meu povo, e eu serei o seu Deus (Ezequiel 36:28).

Como já profetizado no Velho Testamento, *"Depois de muitos dias você será chamado às armas"*, o povo de Israel começou a se juntar na Palestina e estabeleceu um estado novamente (Ezequiel 38:8). Além disso, desenvolvendo-se em um dos países mais desenvolvidos do mundo, Israel reafirmou ao resto do planeta os superiores traços que possuem como nação.

Deus Quer que Israel Prepare a Volta de Jesus

Deus quer que o restaurado Israel antecipe e se prepare para a

Volta do Messias. Jesus foi à terra de Israel há aproximadamente 2.000 anos atrás, cumpriu completamente a providência da salvação para a humanidade e se tornou o Salvador e Messias para ela. Quando subiu aos céus, Ele prometeu voltar e agora Deus quer que o Seu escolhido espere pela volta do Messias com uma fé genuína.

Quando o Messias Jesus Cristo voltar, Ele não virá em um estábulo ou terá de sofrer o castigo da cruz, como há dois milênios. Na verdade, Ele aparecerá comandando hostes celestiais e anjos e voltará a este mundo como o Rei dos reis e Senhor dos senhores, na glória de Deus, e todos o verão.

Eis que ele vem com as nuvens, e todo olho o verá, até mesmo aqueles que o traspassaram; e todos os povos da terra se lamentarão por causa dele. Assim será! Amém (Apocalipse 1:7).

Quando o tempo destinado chegar, todas as pessoas, crentes e não crentes, verão Jesus voltando entre nuvens. Nesse dia, todos aqueles que creem em Jesus como Salvador de toda a humanidade serão arrebatados e participarão do Banquete de Casamento, mas os outros serão deixados para trás para lamentar.

Deus criou o primeiro homem Adão e começou a cultivação da humanidade e, para ela também, certamente dará um fim. Assim como um agricultor planta e colhe, haverá um tempo de colheita para a cultivação humana. A cultivação da humanidade feita por Deus será completa, quando o Messias Jesus Cristo voltar.

Jesus nos diz em Apocalipse 22:7: *"Eis que venho em breve! Feliz é aquele que guarda as palavras da profecia deste livro"*. Estamos vivendo no tempo dos últimos dias. Em seu amor imensurável por Israel, Deus continua iluminando Seu povo através de sua história, para que eles aceitem o Messias.

Entretanto, é importante lembrar que Deus deseja profundamente que não apenas o Seu escolhido, Israel, mas toda a humanidade, receba Jesus Cristo antes do fim da cultivação humana.

A Bíblia hebraica, conhecida pelos cristãos como o Velho Testamento.

Capítulo 3

O DEUS EM QUEM ISRAEL CONFIA

A Lei e a Tradição

Enquanto Deus estava guiando Seu povo escolhido, Israel, do Egito para a terra prometida de Canaã, Ele desceu ao Monte Sinai. Então o SENHOR Deus chamou Moisés, o líder do Êxodo, e disse-lhe que os sacerdotes deveriam se consagrar quando se aproximassem de Deus. Além disso, Deus também deu ao povo os Dez Mandamentos e muitas outras leis através de Moisés.

Quando Moisés contou oficialmente as palavras do Deus Jeová e as ordenanças ao povo, eles responderam com uma voz e disseram: *"Faremos tudo o que o SENHOR ordenou"* (Êxodo 24:3). Entretanto, enquanto Moisés estava no Monte Sinai seguindo o chamado de Deus, o povo pediu a Arão que fizesse um bezerro e cometeram o grande pecado da idolatria.

Como é que eles podiam ser o povo escolhido de Deus e cometer pecado tão grave? Desde Adão, que cometeu o pecado da desobediência, todos os homens são seus descendentes e todos nasceram com uma natureza pecaminosa. É por isso que Deus enviou o Seu único Filho Jesus e, através de Sua crucificação, Ele abriu a porta pela qual a humanidade pode ser perdoada de todos os seus pecados.

Então, por que Deus deu leis para as pessoas? Os Dez Mandamentos que Ele deixou, através de Moisés, as ordenanças e os decretos são conhecidos como leis.

Através da Lei, Deus Guia Israel para a Terra de Onde Emanam Leite a Mel

A razão e o propósito de Deus ter dado leis ao povo de Israel no Êxodo do Egito foi para que eles pudessem desfrutar da bênção de entrar na terra de Canaã, onde emanam leite e mel. O povo recebeu as leis diretamente de Moisés, mas não zelaram por seu pacto com Deus, cometendo muitos pecados, inclusive idolatria e adultério. No fim, a maioria das pessoas morreu em seu pecado, em 40 anos de vida no deserto.

O Livro de Deuteronômio registra as últimas palavras de Moisés e se aprofunda no pacto e leis de Deus. Quando a maioria da geração do Êxodo morreu, com exceção de Josué e Calebe, e o tempo de Moisés sair de Israel chegou, ele pediu intensamente à segunda e terceira geração do Êxodo que amassem a Deus e obedecessem aos Seus mandamentos.

E agora, ó Israel, que é que o SENHOR, o seu Deus, lhe pede, senão que tema o SENHOR, o seu Deus, que ande em todos os seus caminhos, que o ame e que sirva ao SENHOR, o seu Deus, de todo o seu coração e de toda a sua alma, e que obedeça aos mandamentos e aos decretos do SENHOR, que hoje lhe dou para o seu próprio bem? (Deuteronômio 10:12-13)

Deus deu leis ao povo de Israel porque Ele queria que eles obedecessem a elas espontaneamente, de todo o seu coração, mostrando assim o seu amor por Deus através de sua obediência. Ele não lhes deu leis para restringi-los ou limitá-los de forma nenhuma, mas porque queria aceitar seus corações obedientes e abençoá-los.

"Que todas estas palavras que hoje lhe ordeno estejam em seu coração. Ensine-as com persistência a seus filhos. Converse sobre elas quando estiver sentado em casa, quando estiver andando pelo caminho, quando se deitar e quando se levantar. Amarre-as como um sinal nos braços e prenda-as na testa. Escreva-as nos batentes das portas de sua casa e em seus portões" (Deuteronômio 6:6-9).

Através desses versículos, Deus estava dizendo ao povo como guardar as leis em seus corações, ensiná-las e praticá-las. Mesmo com o passar das eras, os mandamentos e ordenanças de Deus, escritas nos Cinco Livros de Moisés, ainda são memorizados e guardados, mas o foco na observância da lei é expresso externamente.

99

A Lei e a Tradição dos Anciãos

Por exemplo, a lei ordenava que o sábado fosse santificado, e os mais velhos acabaram criando várias tradições detalhadas que podiam desenvolver a observação de tal lei, como proibir as pessoas de usar portas automáticas, elevadores e escadas rolantes; e abrir cartas de negócios, passaportes e outros pacotes. Como as tradições dos anciãos surgiram?

Quando o Templo de Deus foi destruído e o povo de Israel foi feito cativo pela Babilônia, eles acharam que tudo aquilo havia acontecido porque eles não tinham servido a Deus de todo o coração. Eles precisaram servir a Deus mais adequadamente e aplicar a lei nas situações que se transformariam com o passar do tempo e então criaram regras bem rígidas.

Essas regras foram estabelecidas com a visão de servir a Deus inteira e completamente, isto é, foram criados regulamentos rígidos que detalhavam todos os aspectos da vida para que todos pudessem guardar as leis em seu dia-a-dia.

De vez em quando as severas regras tinham o papel de proteger a lei. Entretanto, com o passar do tempo, perdeu-se o verdadeiro significado contido nas leis e passou-se a dar grande importância para expressão superficial de apenas observá-las. Assim, o povo de Israel acabou se desviando do verdadeiro propósito da lei.

Deus vê e aceita o coração de cada pessoa que guarda a lei em seu coração, ao invés de valorizar sua superficialidade em obras. Dessa maneira, Ele estabeleceu a lei para procurar aqueles que verdadeiramente O honram e para abençoar quem Lhe obedece. Embora muitas pessoas dos tempos do Velho Testamento parecessem guardar a lei, havia muitas também que a infringiam.

"Ah, se um de vocês fechasse as portas do templo! Assim ao menos não acenderiam o fogo do meu altar inutilmente. Não tenho prazer em vocês", diz o SENHOR dos Exércitos, "e não aceitarei as suas ofertas" (Malaquias 1:10).

Quando os mestres da lei e anciãos conspiraram contra Jesus e condenaram Seus discípulos, não era porque Jesus e Seus discípulos desobedeceram à lei, mas porque eles violaram a tradição dos anciãos. Podemos ver isso bem descrito no Evangelho de Mateus.

"Por que os seus discípulos transgridem a tradição dos líderes religiosos? Pois não lavam as mãos antes de comer!" (Mateus 15:2)

Nessa ocasião, Jesus os iluminou chamando a atenção para o fato de que não eram os mandamentos de Deus que eram desobedecidos, mas sim as tradições dos anciãos. Obviamente, é importante observar a lei em ação externa, mas muito mais importante é entender a verdadeira vontade de Deus contida na lei.

E Jesus respondeu:

> *E por que vocês transgridem o mandamento de Deus por causa da tradição de vocês? Pois Deus disse: 'Honra teu pai e tua mãe' 'Quem amaldiçoar seu pai ou sua mãe terá que ser executado'. Mas vocês afirmam que se alguém disser a seu pai ou a sua mãe: 'Qualquer ajuda que vocês poderiam receber de mim é uma oferta dedicada a Deus', ele não está mais obrigado a 'honrar seu pai' dessa forma. Assim, por causa da sua tradição, vocês anulam a palavra de Deus* (Mateus 15:3-6).

Nos versículos seguintes, Jesus também diz:

> *Hipócritas! Bem profetizou Isaías acerca de vocês, dizendo: "'Este povo me honra com os lábios, mas o seu coração está longe de mim. Em vão me adoram; seus ensinamentos não passam de regras ensinadas por homens'"* (Mateus 15:7-9).

Depois de chamar a multidão para Si, Jesus lhes disse:

> *Jesus chamou para junto de si a multidão e disse: "Ouçam e entendam. O que entra pela boca não torna*

o homem 'impuro'; mas o que sai de sua boca, isto o torna 'impuro'" (Mateus 15:10-11).

Os filhos de Deus devem honrar seus pais como escrito nos Dez Mandamentos. Todavia, os fariseus ensinavam as pessoas que os filhos que podiam servir e honrar seus pais com bens ficavam isentos desse dever, pronunciavam que suas posses fossem oferecidas a Deus. Eles fizeram tantas regras minuciosas que os gentios não podiam sequer ousar seguir rigorosamente todas as tradições dos mais velhos – eles achavam que estavam agindo muito bem como escolhido de Deus.

O Deus em Quem Israel Acredita

Quando Jesus curou os enfermos em um sábado, os fariseus O condenaram por fazer o que não era permitido no sábado. Certo dia, Jesus entrou em uma sinagoga e viu um homem com a mão atrofiada. Querendo despertar os fariseus que também ali estavam, Ele disse:

"O que é permitido fazer no sábado: o bem ou o mal, salvar a vida ou matar?" (Marcos 3:4)

Ele lhes respondeu: "Qual de vocês, se tiver uma ovelha e ela cair num buraco no sábado, não irá pegá-la e tirá-la de lá? Quanto mais vale um homem do que uma ovelha! Portanto, é permitido fazer o bem no sábado" (Mateus 12:11-12).

Uma vez que os fariseus já estavam cheios de conceitos da lei, formados com a tradição dos anciãos e pensamentos e modos de vida centrados em si próprios, eles não só deixaram de entender a verdadeira vontade de Deus contida na lei, mas também deixaram de reconhecer Jesus, que veio à Terra como o Salvador.

Jesus sempre Se dirigia a eles chamando-os ao arrependimento de seus erros. Ele os repreendia porque eles haviam negligenciado o verdadeiro propósito de Deus para a lei, transformando-a e apegando-se a obras superficiais de observação da mesma.

Ai de vocês, mestres da lei e fariseus, hipócritas! Vocês dão o dízimo da hortelã, do endro e do cominho, mas têm negligenciado os preceitos mais importantes da lei: a justiça, a misericórdia e a fidelidade. Vocês devem praticar estas coisas, sem omitir aquelas (Mateus 23:23).

Ai de vocês, mestres da lei e fariseus, hipócritas! Vocês limpam o exterior do copo e do prato, mas por dentro eles estão cheios de ganância e cobiça (Mateus 23:25).

O povo de Israel, que estava sob o domínio do Império Romano, colocou na mente que o Messias viria a eles com grande poder e honra, conseguindo libertá-los das mãos dos opressores e que governaria sobre toda raça e nação.

Ao mesmo tempo que era filho de carpinteiro, Jesus também era companhia para os abandonados, enfermos e pecadores; chamava Deus de "Pai" e testemunhava dizendo: *"Eu sou a luz do mundo"*. Quando Ele repreendeu o povo de Israel por seus pecados, aqueles que haviam guardado a lei segundo seu próprio padrão e se declaravam justos, foram incomodados pelas palavras de Jesus e O crucificaram sem nenhuma razão.

Deus Quer que Tenhamos Amor e Perdão

Os fariseus observavam rigorosamente as regras do judaísmo e acumularam longos anos de costumes e tradições tão valorosos quanto suas vidas. Eles tratavam os coletores de impostos que trabalhavam para o Império Romano como pecadores e os evitavam.

Começando em Mateus 9:10, vemos que Jesus estava comendo na casa de um homem da coletoria chamado Mateus, e muitos publicanos e pecadores estavam com Ele e Seus discípulos. Quando os fariseus viram tal coisa, eles perguntaram aos discípulos de Jesus: "Por que o mestre de vocês come com publicanos e pecadores?" Quando Jesus os ouviu condenar Seus discípulos, Ele lhes falou sobre o coração de Deus. Deus dá Seu amor infalível e misericórdia a qualquer que se arrependa de seus pecados de todo o coração e vire as costas para eles.

Mateus 9:12-13 continua, *"Não são os que têm saúde que precisam de médico, mas sim os doentes. Vão aprender o que significa isto: 'Desejo misericórdia, não sacrifícios'. Pois eu não vim chamar justos, mas pecadores"*.

Quando a maldade das pessoas de Nínive chegou até o céu, Deus estava prestes a destruir toda a cidade. Contudo, antes de fazer tal coisa, Ele enviou Seu profeta, Jonas, para dar àquele povo a chance de se arrepender de seus pecados. O povo então jejuou e se arrependeu profundamente, e Deus desistiu de destruí-los. Entretanto, foram os fariseus que acharam que não restava outra saída senão passar pro julgamento para quem infringisse a lei. A parte mais importante da lei é o amor perfeito e o perdão, mas os fariseus pensavam que julgar as pessoas era mais certo e estimado do que perdoar-lhes com amor.

Da mesma forma, quando não entendemos o coração de Deus, que nos deu a lei, somos forçados a julgar tudo com nossos próprios pensamentos e teorias, que são errôneos e contra Ele.

O Verdadeiro Propósito
de Deus para a Lei

Deus criou os céus e a terra, tudo o que neles há, e fez o homem porque queria obter filhos verdadeiros que refletissem o Seu coração. Com esse propósito, Deus disse ao Seu povo: *"consagrem-se e sejam santos, porque eu sou santo"* (Levítico 11:44). Ele considera que estamos temendo a Ele quando não somos bons somente de aparência, mas também nos tornamos sem culpa ao nos despojarmos de toda a maldade em nosso coração.

Nos tempos de Jesus, os fariseus eram muito mais interessados em ofertas e ações que mostravam que estavam seguindo a lei do que em santificar seus corações. Deus se alegra mais com um coração contrito e quebrantado do que com sacrifícios (Salmo 51:16-17), e por isso ele nos deu a lei – para que nos arrependêssemos de nossos pecados e nos convertêssemos deles para a lei.

A Verdadeira Vontade de Deus Contida na Lei do Velho Testamento

As ações do povo de Israel em relação às leis definitivamente não incluíam seu amor por Deus. Tudo que Deus mais queria era que eles santificassem seus corações e, por isso, os repreendeu seriamente através do profeta Isaías.

"Para que me oferecem tantos sacrifícios?", pergunta o SENHOR. "Para mim, chega de holocaustos de carneiros e da gordura de novilhos gordos. Não tenho nenhum prazer no sangue de novilhos, de cordeiros e de bodes! Quando vocês vêm à minha presença, quem lhes pediu que pusessem os pés em meus átrios? Parem de trazer ofertas inúteis! O incenso de vocês é repugnante para mim. Luas novas, sábados e reuniões! Não consigo suportar suas assembleias cheias de iniquidade" (Isaías 1:11-13).

O verdadeiro significado de seguir a lei não consiste em ações exteriores, mas na intenção do nosso coração. Assim, Deus não agradou dos múltiplos sacrifícios que eram oferecidos só como a ação habitual e superficial de entrar nos pátios do santuário. Independente do número de sacrifícios oferecidos de acordo com as leis, Deus não se deleitava deles, pois os corações de quem os oferecia não estavam segundo a vontade Dele.

O mesmo acontece com as nossas orações. A ação de orar em si não é importante, mas a atitude de nossos corações é muito mais importante. Um salmista diz no Salmo 66:18: *"Se eu acalentasse o pecado no coração, o Senhor não me ouviria".*

Através de Jesus, Deus nos faz saber que Ele não agrada

de orações feitas para aparecer ou que falam algo que não sai realmente do coração, mas sim de orações sinceras.

E quando vocês orarem, não sejam como os hipócritas. Eles gostam de ficar orando em pé nas sinagogas e nas esquinas, a fim de serem vistos pelos outros. Eu lhes asseguro que eles já receberam sua plena recompensa. Mas quando você orar, vá para seu quarto, feche a porta e ore a seu Pai, que está em secreto. Então seu Pai, que vê em secreto, o recompensará (Mateus 6:5-6).

O mesmo acontece quando nos arrependemos de nossos pecados. Quando o fazemos, Deus não quer que rasguemos nossas vestes e lamentemos com cinzas, mas que rendamos nossos corações e nos arrependamos de todo o coração. A ação que mostra arrependimento em si não é importante, mas quando nos arrependemos de nossos pecados do fundo do coração e mudamos de direção, Deus aceita o nosso arrependimento.

"Agora, porém", declara o SENHOR, "voltem-se para mim de todo o coração, com jejum, lamento e pranto". Rasguem o coração, e não as vestes. Voltem-se para o SENHOR, o seu Deus, pois ele é misericordioso e compassivo, muito paciente e cheio de amor; arrependa-se, e não envie a desgraça (Joel 2:12-13).

Em outras palavras, Deus aceita o coração daqueles que

praticam a lei, e não daqueles que a observam com atitudes que não vêm de dentro. Isso é descrito na Bíblia como a "circuncisão do coração". A circuncisão natural ocorre quando o prepúcio do homem é removido. Semelhantemente, a circuncisão do coração também se dá pela remoção de algo, mas dessa vez é a capa dos nossos corações.

A Circuncisão do Coração que Deus Deseja

A que a circuncisão do coração se refere mais detalhadamente? Ela se refere à remoção e despojo de todos os tipos de maldades e pecados, incluindo a inveja, os ciúmes, o temperamento explosivo, sentimentos doentios, adultério, falsidade, coisas enganosas, julgamentos e condenações do nosso coração. Quando removemos os pecados e maldades de nossos corações e observamos a lei, Deus aceita esse ato como a perfeita obediência.

Purifiquem-se para o SENHOR, sejam fiéis à aliança, homens de Judá e habitantes de Jerusalém! Se não fizerem isso, a minha ira se acenderá e queimará como fogo, por causa do mal que vocês fizeram; queimará e ninguém conseguirá apagá-la (Jeremias 4:4).

Sejam fiéis, de coração, à sua aliança; e deixem de ser obstinados (Deuteronômio 10:16).

*Como também o Egito, Judá, Edom, Amom, Moabe e
todos os que rapam a cabeça e vivem no deserto; porque
todas essas nações são incircuncisas, e a comunidade de
Israel tem o coração obstinado* (Jeremias 9:26).

*O SENHOR, o seu Deus, dará um coração fiel a vocês
e aos seus descendentes, para que O amem de todo o
coração e de toda a alma e vivam* (Deuteronômio 30:6).

Assim, o Velho Testamento nos encoraja a circuncidarmos
nossos corações frequentemente, pois aqueles que são
circuncidados de coração podem amá-Lo de todo o coração e
alma.

Deus quer que Seus filhos sejam santos e perfeitos. Em
Gênesis 17:1, Deus disse a Abraão: "Seja íntegro", e em Levítico
19:2 ordenou ao povo de Israel que fosse "santo".

João 10:35 diz: *"Se ele chamou 'deuses' àqueles a quem
veio a palavra de Deus (e a Escritura não pode ser anulada)",*
e 2 Pedro 1:4 diz: *"Dessa maneira, ele nos deu as suas
grandiosas e preciosas promessas, para que por elas vocês se
tornem participantes da natureza divina e fujam da corrupção
que há no mundo, causada pela cobiça".*

Nos tempos do Velho Testamento, as pessoas eram salvas
através de ações que mostravam que elas observavam a lei;
enquanto no Novo Testamento podemos ser salvos através da fé

em Jesus Cristo, que cumpriu a lei com amor.

A salvação através de ações, no Velho Testamento, era possível mesmo quando as pessoas tinham desejos pecaminosos de assassinar alguém, cometer adultério, mentir, ou sentir ódio, desde que elas não cometessem tais coisas. Também naqueles tempos, o Espírito Santo não habitava nas pessoas e elas não conseguiam despojar-se de desejos ruins com suas próprias forças. Assim, se elas não transformassem seus desejos pecaminosos em ação, elas não seriam consideradas pecadoras.

Entretanto, nos tempos do Novo Testamento, podemos alcançar a salvação somente quando circuncidamos nossos corações através da fé. O Espírito Santo nos convence do pecado, da justiça e do juízo e nos ajuda a viver pela palavra de Deus, fazendo com que consigamos nos livrar de inverdades e de nossa natureza pecaminosa, circuncidando assim nossos corações.

A salvação através da fé em Jesus Cristo não é simplesmente dada quando a pessoa conhece e crê em Jesus Cristo como o Salvador. Só quando nos despojamos das maldades do nosso coração, porque amamos a Deus e andamos na verdade pela fé, é que Deus considera tudo isso como fé genuína e nos guia não apenas à salvação completa, mas também por um caminho de incríveis respostas e bênçãos.

Como Agradar a Deus

É natural que um filho de Deus não deva pecar em ações.

Mas é também natural que ele se despoje das inverdades e desejos pecaminosos de seu coração, a fim de refletir a santidade de Deus.

Se você não comete pecados em ações, mas tem tido desejos pecaminosos dentro de si, você não pode ser considerado justo diante Dele.

É essa a razão pela qual está escrito em Mateus 5:27-28: *"Vocês ouviram o que foi dito: 'Não adulterarás'. Mas eu lhes digo: Qualquer que olhar para uma mulher para desejá-la, já cometeu adultério com ela no seu coração".*

Vemos em 1 João 3:15: *"Quem odeia seu irmão é assassino, e vocês sabem que nenhum assassino tem a vida eterna em si mesmo".* Esse versículo nos mostra que devemos tirar todo ódio de nosso coração.

Como você deve agir em relação aos seus inimigos, que o odeiam? Que atitude agrada a Deus e é segundo a Sua vontade?

A lei dos tempos do Velho Testamento nos diz: "olho por olho, dente por dente", isto é, a lei diz: *"Assim como feriu o outro, deixando-o defeituoso, assim também será ferido"* (Levítico 24:20). Isso era para evitar que as pessoas prejudicassem as outras quando bem entendessem, pois Deus sabe que quando os seres humanos se vingam, retribuem a coisa com ainda mais maldade.

O rei Davi foi considerado como alguém segundo o coração de Deus. Quando o rei Saul tentava matá-lo, Davi não retribuía a maldade, mas tratava-o com bondade até o fim. Davi enxergou o verdadeiro significado contido na lei e viveu segundo a palavra de Deus.

Não procurem vingança, nem guardem rancor contra alguém do seu povo, mas ame cada um o seu próximo como a si mesmo. Eu sou o SENHOR (Levítico 19:18).

Não se alegre quando o seu inimigo cair, nem exulte o seu coração quando ele tropeçar (Provérbios 24:17).

Se o seu inimigo tiver fome, dê-lhe de comer; se tiver sede, dê-lhe de beber (Provérbios 25:21).

Vocês ouviram o que foi dito: 'Ame o seu próximo e odeie o seu inimigo'. Mas eu lhes digo: Amem os seus inimigos e orem por aqueles que os perseguem (Mateus 5:43-44).

De acordo com os versículos acima, se você parece observar a lei, mas não perdoa uma pessoa que lhe está causando algum problema, Deus não está Se alegrando com você. É por isso que Ele nos disse para amarmos nossos inimigos. Quando você observa a lei e quando a pratica com o coração que Deus quer que você possua, você pode ser considerado como alguém que obedece completamente à Sua palavra.

A Lei – Um Sinal do Amor de Deus

O Deus de amor quer nos dar bênçãos sem fim, mas pelo fato de Ele ser justo, Ele não tem outra escolha senão nos entregar ao diabo na proporção em que pecamos. É por isso que alguns crentes em Deus sofrem acidentes, encontram-se em desastres e ficam doentes quando não vivem segundo a palavra Dele. Deus nos deu Seus mandamentos com amor, a fim de nos proteger de dores e provações. Quantas instruções os pais dão aos seus filhos a fim de protegê-los de doenças e acidentes?

"Lave as mãos quando entrar em casa".

"Escove os dentes depois de comer".

"Olhe para os dois lados, quando for atravessar a rua".

Semelhantemente, Deus nos disse para observarmos Seus mandamentos e estatutos para o nosso próprio bem, porque Ele nos ama (Deuteronômio 10:13). Guardar e praticar a palavra de Deus é como uma lâmpada para a jornada da vida. Não importa a escuridão que estiver, podemos andar com segurança com a luz; e, da mesma maneira, quando Deus (que é luz) está conosco, somos protegidos e desfrutamos do privilégio e das bênçãos como Seus filhos.

Não fazemos idéia do quanto Deus se alegra, quando protege Seus filhos obedientes à Sua palavra com Seus olhos de fogo e lhes dá o que quer que peçam Essas pessoas podem sempre limpar e transformar seus corações em corações bons, obedecendo e guardando a palavra de Deus de modo a refleti-Lo, sentindo as profundezas de Seu amor e amando-O cada vez mais.

Portanto, as leis que Deus nos deu são como um livro de amor com todas as direções para nós, que sendo cultivados por Deus na terra, obtemos sempre as melhores bênçãos. As leis de Deus não nos trazem fardos, mas nos protegem de todos os tipos de desastres, neste mundo governado por Satanás, guiando-nos por um caminho de bênçãos.

Jesus Cumpriu a Lei com Amor

Em Deuteronômio 19:19-20 podemos ver que nos tempos do Velho Testamento, quando as pessoas cometiam um pecado com seus olhos, estes eram arrancados fora. Quando cometiam um pecado com as mãos ou pés, também tinham tais membros decepados. Quando cometiam adultério, eram apedrejados até a morte.

A legislação do mundo espiritual nos diz que o resultado dos nossos pecados é a morte. É por isso que Deus castigava severamente aqueles que cometiam pecados imperdoáveis – a fim de avisar as outras pessoas para não fazerem a mesma coisa.

Contudo, o Deus de amor não estava completamente satisfeito com a fé através da qual eles se atinham à lei e diziam: "Olho por olho, dente por dente". Na verdade, Ele enfatizou repetidas vezes no Velho Testamento que as pessoas tinham de circuncidar seus corações. Ele não queria que o Seu povo sofresse por causa da lei e, por isso, em Seu tempo, enviou Jesus à terra e deixou que Ele levasse sobre Si todos os pecados da humanidade, cumprindo a lei com amor.

Sem a crucificação de Jesus, nossas mãos e pés seriam decepados se cometêssemos algum pecado que os envolvessem. Entretanto, Jesus foi para a cruz e derramou o Seu precioso sangue ao ter Suas mãos e pés pregados, para que pudéssemos ser lavados dos pecados cometidos com nossas mãos e pés. Agora não mais precisamos cortar nossas mãos e pés – tudo por causa do grande amor de Deus.

Jesus, que é um com o Deus de amor, desceu à terra e cumpriu a lei com amor. Jesus viveu uma vida exemplar de guardar e seguir todas as leis de Deus.

Contudo, mesmo guardando completamente a lei, Ele não condenava aqueles que não conseguiam fazer o mesmo dizendo: "Você infringiu a lei e está no caminho da morte". Ao contrário – Ele ensinava as pessoas sobre a verdade dia e noite, para que mais uma alma que fosse pudesse se arrepender de seus pecados e alcançar a salvação. Sem cessar, Ele trabalhava, curava e libertava aqueles acometidos por doenças, enfermidades ou possuídos por demônios.

O grande amor de Jesus pôde ser inevitavelmente reconhecido quando uma mulher, flagrada em adultério, foi levada até Ele pelos escribas e fariseus. No oitavo capítulo do evangelho de João, os escribas e fariseus levam a mulher até Jesus e Lhe perguntam:

"Na Lei, Moisés nos ordena apedrejar tais mulheres. E o senhor, que diz?" (v.5) E Jesus então responde: *"Se algum de vocês estiver sem pecado, seja o primeiro a atirar pedra nela"* (v.7).

Ao dar-lhes esta resposta, Jesus queria despertar não apenas a mulher, mas também aqueles que a estavam condenando de adultério e tentando achar motivos para acusar Jesus. Quem a condenava eram pecadores da mesma maneira que ela diante de Deus e Jesus queria mostrar que ninguém pode ousar condenar alguém. Quando ouviram a resposta de Jesus, foram convencidos por suas próprias consciências e começaram a ir embora, um por um, começando do mais velho. Então ficaram ali somente Jesus e a mulher.

Jesus viu que não havia sobrado ninguém e disse à mulher: *"Mulher, onde estão eles? Ninguém a condenou?"* (v. 10) Ela disse: *"Ninguém, Senhor"*. Então Jesus lhe disse: *"Eu também não a condeno. Agora vá e abandone sua vida de pecado"* (v.11).

Quando a mulher foi levada a Jesus e seu pecado imperdoável foi revelado, ela se sentiu oprimida e com muito medo. Então, quando Jesus lhe perdoou, você consegue imaginar as lágrimas que ela deve ter derramado de tanta emoção e gratidão? Sempre que ela se lembrasse desse perdão e amor de Jesus, ela não ousaria mais pecar ou infringir a lei. Isso foi possível porque ela teve um encontro com Jesus, que cumpriu a lei com amor.

Jesus cumpriu a lei com amor não apenas para essa mulher, mas também para todos os homens. Ele não poupou Sua própria vida e a entregou na cruz por nós, pecadores, com o coração como o de pais que não poupam suas vidas para salvar a vida dos filhos que estão se afogando.

Jesus era inculpável e sem manchas e o único Filho de Deus, mas tomou sobre Si dores indescritíveis, derramou Seu sangue e água e entregou a Sua vida na cruz por nós pecadores. Sua crucificação foi o evento maior e mais comovente da história da humanidade e mostrou a dimensão de Seu amor.

Quando o poder do Seu amor vem sobre nós, nós recebemos a força para guardar e seguir completamente a lei com amor, assim como Jesus.

Se Jesus não tivesse cumprido a lei com amor, mas tivesse julgado e condenado a todos com a lei apenas, desviando Seus olhos dos pecadores, quantas pessoas poderiam ser salvas no mundo? Como escrito na Bíblia: *"Não há nenhum justo, nem um sequer"* (Romanos 3:10), ninguém poderia ser salvo.

Assim sendo, os filhos de Deus que foram perdoados de seus pecados através de Seu grande amor não devem apenas amá-Lo, obedecendo a Seus mandamentos com humildade de coração, mas também amar aos seus próximos com a si mesmos, servindo-os e perdoando-lhes.

Aqueles que Julgam e Condenam os Outros com a Lei

Jesus cumpriu a lei com amor e tornou-se o Salvador de toda a humanidade, mas o que os fariseus, os escribas e os mestres da lei faziam? Eles insistiam em observar a lei com ações, ao invés de santificarem seus corações como Deus queria e achavam que estavam fazendo tudo certo. Além disso, eles não perdoavam a quem não observava a lei, mas julgava e condenava tais pessoas.

Deus jamais quis que julgássemos ou condenássemos os outros sem misericórdia ou amor; e também nunca quis que sofrêssemos ao seguir Suas leis sem experimentar o Seu amor. De nada nos adianta observarmos a lei sem entendermos o coração de Deus e sem amor.

Ainda que eu tenha o dom de profecia e saiba todos os mistérios e todo o conhecimento, e tenha uma fé capaz de mover montanhas, se não tiver amor, nada serei. Ainda que eu dê aos pobres tudo o que possuo e entregue o meu corpo para ser queimado, se não tiver amor, nada disso me valerá (1 Coríntios 13:2-3).

Deus é amor e Ele se alegra e nos abençoa quando fazemos as coisas com amor. Nos tempos de Jesus, os fariseus não tinham amor em seus corações ao observarem a lei com ações – o que fazia com que as coisas que faziam de nada valessem. Eles julgavam e condenavam os outros com o conhecimento da lei, fazendo com que se afastassem de Deus e crucificassem Seu Filho.

Quando Você Compreende a Verdadeira Vontade de Deus Contida na Lei

Mesmo nos tempos do Velho Testamento, houve grandes pais da fé que entendiam a verdadeira vontade de Deus na lei. Pais da fé como Abraão, José, Moisés, Davi e Elias não apenas guardaram a lei, mas também tentaram fazer o máximo para se tornarem verdadeiros filhos de Deus, circuncidando seus corações com diligência.

Entretanto, quando Jesus foi enviado por Deus como o Messias, para que os judeus conhecessem o Deus de Abraão, de Isaque e de Jacó, eles não O reconheceram, pois estavam cegos com as tradições dos anciãos e ações em relação à lei.

A fim de provar que Ele era o Filho de Deus, Jesus operou incríveis maravilhas e sinais miraculosos, que só eram possíveis de ser feitos com o poder de Deus. Entretanto, ainda assim os judeus não reconheceram Jesus ou O receberam como o Messias.

Os judeus de bom coração, por sua vez, agiram diferentemente. Quando ouviram as mensagens de Jesus, creram Nele, e quando viram os sinais que Ele operava, creram que Deus estava com Ele. No terceiro capítulo do evangelho de João, um fariseu chamado Nicodemos foi até Jesus em uma noite e disse-Lhe o seguinte:

Mestre, sabemos que ensinas da parte de Deus, pois ninguém pode realizar os sinais miraculosos que estás fazendo, se Deus não estiver com ele (João 3:2).

O Deus de Amor Espera pela Volta de Israel

Então, por que a maioria dos judeus não reconheceu Jesus, que veio à terra como o Salvador? Eles haviam formado linhas de pensamento sobre a lei do seu próprio jeito, acreditando que estavam amando e servindo a Deus daquela maneira; e não estavam dispostos a aceitar coisas diferentes do que já pensavam.

Até encontrar-se com o Senhor Jesus, Paulo havia acreditado piamente que observar completamente a lei e a tradição dos anciãos era amar e servir a Deus. É por essa razão que ele não aceitava Jesus como o Salvador, mas O perseguia juntamente com os que criam Nele. Depois que ele se encontrou com o Senhor ressuscitado, enquanto ia para Damasco, no entanto, sua linha de pensamento em relação à lei despedaçou-se e ele se tornou um apóstolo de Jesus, seu Senhor. Dali em diante ele daria sua vida por Jesus.

Esse desejo de seguir a lei é a coisa mais especial dos judeus; é o ponto forte do povo escolhido de Deus. Logo, assim que eles entenderem a verdadeira vontade de Deus contida na lei, serão capazes de amá-Lo mais do que qualquer outro povo ou raça e ser fiéis com toda sua vida.

Quando Deus tirou o povo de Israel do Egito, Ele lhes deu todas as leis e ordenanças através de Moisés, e lhes disse o que Ele realmente queria que eles fizessem. Prometeu-lhes que se amassem a Deus, circuncidassem seus corações e vivessem de acordo com Sua vontade, Ele estaria com eles e os abençoaria de maneira incrível.

e quando vocês e os seus filhos voltarem para o SENHOR, o seu Deus, e lhe obedecerem de todo o coração e de toda a alma, de acordo com tudo o que hoje lhes ordeno, então o SENHOR, o seu Deus, lhes trará restauração, terá compaixão de vocês e os reunirá novamente de todas as nações por onde os tiver espalhado. Mesmo que tenham sido levados para a terra mais distante debaixo do céu, de lá o SENHOR, o seu Deus, os reunirá e os trará de volta. Ele os trará para a terra dos seus antepassados, e vocês tomarão posse dela. Ele fará com que vocês sejam mais prósperos e mais numerosos do que os seus antepassados. O SENHOR, o seu Deus, dará um coração fiel a vocês e aos seus descendentes, para que o amem de todo o coração e de toda a alma e vivam. O SENHOR, o seu Deus, enviará então todas essas maldições sobre os inimigos que os odeiam e os perseguem. Vocês obedecerão de novo ao SENHOR e seguirão todos os seus mandamentos que lhes dou hoje (Deuteronômio 30:2-8).

Como prometido por Deus ao Seu povo escolhido, Israel, nos versículos acima, Ele reuniu o Seu povo que havia se espalhado por todo o mundo e fez com que ele resgatasse sua terra em dois mil anos, colocando-o sobre todas as nações. Todavia, Israel não percebeu o grande amor de Deus através da crucificação do Seu Filho e a Sua maravilhosa providência de criar e cultivar a humanidade, mas continua seguindo as tradições dos anciãos e observando a lei externamente.

O Deus de amor anseia pelo dia em que Seu povo escolhido abandonará a fé que ele mesmo criou e se transformará, tornando-se verdadeiros filhos de Deus, desejando que esse dia chegue o quanto antes possível. Em primeiro lugar, eles têm de abrir seus corações, aceitar Jesus, que foi enviado por Deus como o Salvador de toda a humanidade e receber o perdão pelos seus pecados. Depois, eles têm de entender a verdadeira vontade de Deus revelada através da lei e possuir a fé genuína, seguindo diligentemente a palavra de Deus, circuncidando seus corações, para que assim possam alcançar a salvação.

Oro, com intensidade, para que Israel restaure a imagem perdida de Deus através da fé que agrada a Ele e se tornem Seus verdadeiros filhos, para que eles possam desfrutar de todas as bênçãos que Ele prometeu e habitar na glória dos céus eternos.

Cúpula da Rocha, Mesquita Islâmica localizada na cidade santa e perdida de Jerusalém

Capítulo 4

OUÇA E ASSISTA!

Em Direção ao Fim dos Tempos

A Bíblia explica claramente sobre o começo e o fim da história da humanidade. Há alguns milhares de anos, Deus nos contou, através da Bíblia, a história da cultivação da espécie humana. Ela começou com o primeiro homem da terra, Adão, e acabará com a Volta do Senhor.

No relógio da cultivação humana de Deus, que horas são agora e quantos dias e horas faltam até que marque e anuncie seus momentos finais? Agora, pois, aprofundemos em como o Deus de amor planejou as coisas, a fim de levar Israel pelo caminho da salvação.

O Cumprimento das Profecias Bíblicas no Curso da História Humana

Há muitas profecias na Bíblia e todas elas são palavras do Deus Todo Poderoso e Criador. Como dito em Isaías 55:11: *"assim também ocorre com a palavra que sai da minha boca: ela não voltará para mim vazia, mas fará o que desejo e atingirá o propósito para o qual a enviei"*, as palavras de Deus têm sido cumpridas até então e continuarão sendo – cada uma.

A história de Israel confirma, obviamente, que as profecias

Ouça e Assista!

da Bíblia têm sido cumpridas sem nenhum erro ou diferença. Sua história tem se dado exatamente da maneira registrada em profecias bíblicas: a escravidão de Israel no Egito por 400 anos e o Êxodo; sua entrada na terra de Canaã, de onde emanam leite e mel; a divisão de seu reino em dois – Israel e Judá e sua destruição; o cativeiro babilônico; a volta de Israel para casa; o nascimento do Messias, a crucificação do Messias, a destruição de Israel e o espalhar de seu povo por todas as nações; e o reestabelecimento de Israel como uma nação e sua independência.

A história da humanidade está sob o domínio de Deus e sempre que Ele realizava algo importante, antes dizia aos homens de Deus o que estava para acontecer (Amós 3:7). Deus prenunciou a Noé, homem de Deus justo e inculpável em seu tempo, que uma grande inundação destruiria toda a terra. Disse a Abraão que as cidades de Sodoma e Gomorra seriam destruídas; e ao profeta Daniel e ao apóstolo João fez saber das coisas que aconteceriam no fim dos tempos.

A maioria dessas profecias registradas na Bíblia foram cumpridas fielmente e, as que ainda estão para ser cumpridas são a Volta do Senhor e mais algumas poucas coisas que a precedem.

Sinais do Fim dos Tempos

Hoje, não importa o quanto nos empenhamos em explicar que vivemos no fim dos tempos e que muitas pessoas decidem não crer em tal coisa, achando que quem fala sobre o assunto é estranho e evita escutá-lo. Acham que o sol irá nascer e se pôr, as pessoas vão morrer e nascer e a civilização continuará como sempre continuou.

A Bíblia registra o seguinte, no que diz respeito ao fim dos tempos: *"Antes de tudo saibam que, nos últimos dias, surgirão escarnecedores zombando e seguindo suas próprias paixões. Eles dirão: O que houve com a promessa da sua vinda? Desde que os antepassados morreram, tudo continua como desde o princípio da criação"* (2 Pedro 3:3-4).

Sempre que alguém nasce, há a certeza de que este alguém também morrerá. Da mesma forma, assim como a história da humanidade teve um começo, ela também terá um fim. Quando o tempo estipulado por Deus chegar, todas as coisas do mundo terão um fim.

Naquela ocasião, Miguel, o grande príncipe que protege o seu povo, se levantará. Haverá um tempo de angústia, como nunca houve desde o início das nações até então. Mas naquela ocasião o seu povo, todo aquele cujo nome está escrito no livro, será liberto. Multidões que dormem no pó da terra acordarão: uns para a vida eterna, outros para a vergonha, para o desprezo eterno. Aqueles que são sábios reluzirão como o fulgor do céu e, aqueles que conduzem muitos à justiça serão como as estrelas, para todo o sempre. Mas você, Daniel, feche com um selo as palavras do livro até o tempo do fim. Muitos irão por todo lado em busca de maior conhecimento (Daniel 12:1-4).

Através do profeta Daniel, Deus profetizou o que aconteceria no fim dos tempos. Algumas pessoas dizem que as profecias entregues por Daniel já se cumpriram, mas essa profecia ainda será completamente cumprida, quando o último momento da história da humanidade chegar e é completamente consistente em relação aos sinais dos últimos dias escritos no Novo Testamento.

Essa profecia de Daniel está relacionada com a Volta do Senhor. O versículo 1, *"Haverá um tempo de angústia como nunca houve desde o início das nações até então. Mas naquela ocasião o seu povo, todo aquele cujo nome está escrito no livro, será liberto",* fala sobre os Sete anos da Grande Tribulação que acontecerão no fim dos tempos, e sobre um tipo de salvação.

A segunda metade do versículo 4, que diz: *"Muitos irão por todo lado em busca de maior conhecimento",* fala sobre a rotina das pessoas hoje. Conclusivamente, essas profecias de Daniel não se referem à destruição de Israel que aconteceu no ano 70 d.C., mas aos sinais do fim dos tempos.

Jesus falou com Seus discípulos sobre os sinais do fim dos tempos de forma detalhada. Em Mateus 24:6-7, 11-13, Ele disse: *"Vocês ouvirão falar de guerras e rumores de guerras. Nação se levantará contra nação, e reino contra reino. Haverá fomes*

e terremotos em vários lugares. Numerosos falsos profetas
surgirão e enganarão a muitos. Devido ao aumento da
maldade, o amor de muitos esfriará".

Qual é a situação do mundo hoje? Ouvimos notícias de
guerras e rumores de guerras, e o terrorismo está aumentando
a cada dia. Nações lutam entre si e reinos se levantam contra
outros reinos. Há fome e terremotos em vários lugares. Há muitos
outros desastres naturais e outros causados pelas condições
incomuns do clima. Além disso, a falta de lei prevalece cada vez
mais em todo o globo, pecados e maldades têm se disseminado
por todo o mundo, e o amor das pessoas está esfriando.

O mesmo está escrito na Segunda Epístola de Timóteo.

Saiba disto: nos últimos dias sobrevirão tempos
terríveis. Os homens serão egoístas, avarentos,
presunçosos, arrogantes, blasfemos, desobedientes
aos pais, ingratos, ímpios, sem amor pela família,
irreconciliáveis, caluniadores, sem domínio próprio,
cruéis, inimigos do bem, traidores, precipitados,
soberbos, mais amantes dos prazeres do que amigos de
Deus, tendo aparência de piedade, mas negando o seu
poder. Afaste-se desses também (2 Timóteo 3:1-5).

Hoje as pessoas não gostam de coisas boas, mas amam o
dinheiro e o prazer. Elas procuram satisfazer seus próprios

interesses e cometem pecados e maldades horríveis, como assassinatos e incêndios premeditados, sem hesitação ou consciência do que estão fazendo. Essas e outras coisas semelhantes têm acontecido tanto, tanto que o coração da maioria das pessoas se entorpeceu, de modo a não se surpreender mais com nada. Ao ver tudo isso, não podemos negar que o curso da história da humanidade está realmente tomando a direção para o seu fim.

Até a história de Israel nos dá dicas dos sinais da Volta do Senhor e o fim dos tempos.

Mateus 24:32-33 diz: *"Aprendam a lição da figueira: quando seus ramos se renovam e suas folhas começam a brotar, vocês sabem que o verão está próximo. Assim também, quando virem todas estas coisas, saibam que ele está próximo, às portas"*.

A "figueira" aqui se refere a Israel. No inverno, as árvores geralmente parecem estar mortas, mas quando a primavera chega, elas brotam novamente e seus galhos crescem cheios de folhas verdes. Do mesmo modo, desde a destruição de Israel aos 70 anos d.C., Israel pareceu ter desaparecido completamente por cerca de dois mil anos, mas quando o tempo de Deus chegou, declarou sua independência e o Estado de Israel foi proclamado no dia 14 de maio de 1948.

O mais importante é que a independência de Israel indica que a Volta de Jesus Cristo está próxima. Portanto, Israel tem de entender que o Messias, por quem eles ainda esperam, veio à terra e se tornou o Salvador de toda a humanidade há 2.000 anos. Devem lembrar que o Salvador Jesus, mais cedo ou mais tarde, voltará como o Juiz.

Então, de acordo com as profecias da Bíblia, o que acontecerá a nós que vivemos nos últimos dias?

A Vinda do Senhor pelos Ares e o Arrebatamento

Aproximadamente há 2.000 anos, Jesus foi crucificado e ressuscitou no terceiro dia, quebrando o poder da morte. Depois Ele subiu aos céus e muitas pessoas O viram ascendendo.

"Galileus, por que vocês estão olhando para o céu? Este mesmo Jesus, que dentre vocês foi elevado aos céus, voltará da mesma forma como o viram subir" (Atos 1:11).

O Senhor Jesus abriu a porta da salvação para a humanidade através de Sua crucificação e ressurreição e, então, foi arrebatado aos céus, sentou-se à direita do trono de Deus e tem preparado moradias celestiais para aqueles que são salvos. Quando a história da humanidade terminar, Ele voltará para nos buscar. Sua Volta é bem descrita em 1 Tessalonicenses 4:16-17.

Pois, dada a ordem, com a voz do arcanjo e o

ressoar da trombeta de Deus, o próprio Senhor descerá dos céus, e os mortos em Cristo ressuscitarão primeiro. Depois nós, os que estivermos vivos, seremos arrebatados com eles nas nuvens, para o encontro com o Senhor nos ares. E assim estaremos com o Senhor para sempre.

Que cena majestosa será quando o Senhor descer dos céus em nuvens de glória, acompanhado de inúmeros anjos e hostes celestiais! Aqueles que tiverem sido salvos serão transformados em corpos espirituais imperecíveis, se encontrarão com o Senhor, nosso eterno Noivo e, então, celebrarão os Sete anos de Banquete de Casamento.

Aqueles que tiverem sido salvos serão arrebatados e se encontrarão com o Senhor, o que é chamado de "Arrebatamento". O reino das nuvens se refere a uma parte do segundo céu, que Deus preparou para os Sete anos do Banquete de Casamento.

Deus dividiu o mundo espiritual em alguns espaços e, um deles, é o segundo céu. Este é dividido em duas áreas – o Éden, que é o mundo da luz e o mundo da escuridão. Em uma parte do mundo da luz está um espaço especial preparado para os Sete Anos de Banquete de Casamento.

As pessoas que tiverem se adornado com fé para alcançar a salvação neste mundo, cheio de pecados e maldades, serão arrebatadas como noivas do Senhor e, então, O encontrarão e desfrutarão da Festa de Casamento por sete anos.

Regozijemo-nos! Vamos alegrar-nos e dar-lhe glória!
Pois chegou a hora do casamento do Cordeiro, e a sua
noiva já se aprontou. Para vestir-se, foi-lhe dado linho
fino, brilhante e puro". O linho fino são os atos justos
dos santos (Apocalipse 19:7-9).

Os arrebatados serão consolados através do Banquete de
Casamento com o Senhor, por terem superado o mundo com
fé; enquanto os que não tiverem sido arrebatados sofrerão
tribulações indescritíveis criadas por espíritos malignos, que
serão expulsos da terra na Volta do Senhor.

Os Sete Anos da Grande Tribulação

Enquanto os que tiverem sido salvos desfrutarão de Sete anos
de Banquete de Casamento no céu eterno e de um sonho de
felicidade, a tribulação mais severa da história da humanidade
cobrirá toda a terra e coisas horríveis acontecerão.

Como os Sete anos da Grande Tribulação vão começar?
Uma vez que nosso Senhor voltar nas nuvens e muitas pessoas
forem arrebatadas de uma só vez, aquelas que permanecerem
na terra estarão muito cheias de pânico e chocadas com o
desaparecimento repentino de suas famílias, amigos e vizinhos, e
andarão à sua procura.

Logo perceberão que o Arrebatamento do qual os cristãos
falavam aconteceu de fato. Ficarão horrorizados só com

o pensamento dos Sete anos da Grande Tribulação que enfrentarão. Ficarão cheios de uma ansiedade tremenda e pânico. Quando os pilotos de aviões, navios, trens, motoristas de carros e outros veículos forem arrebatados, haverá uma grande quantidade de acidentes de trânsito e tráfego, muitos incêndios acontecerão, muitos prédios cairão e o mundo estará em caos e completa desordem.

Então aparecerá uma pessoa que trará paz e ordem ao mundo. Ele será governador da União Europeia e unirá forças políticas, econômicas e militares. Com o poder centralizado e unido, ele manterá o mundo em ordem e trará paz e estabilidade às sociedades. Muitos lhe darão boas vindas com entusiasmo e o apoiarão fielmente.

Este será o anticristo da Bíblia que liderará os Sete anos da Grande Tribulação. O que acontece é que inicialmente ele parecerá ser um "mensageiro da paz", trazendo paz e ordem às pessoas na primeira parte dos Sete anos. A ferramenta que ele usará para obter a paz mundial será a marca da besta, o '666' registrado na Bíblia.

Também obrigou todos, pequenos e grandes, ricos e pobres, livres e escravos, a receber certa marca na mão direita ou na testa, para que ninguém pudesse comprar nem vender, a não ser quem tivesse a marca, que é o nome da besta ou o número do seu nome. Aqui há sabedoria. Aquele que tem entendimento calcule o

número da besta, pois é número de homem. Seu número
é seiscentos e sessenta e seis (Apocalipse 13:16-18).

O que é a Marca da Besta?

A "besta" se refere ao computador. A União Europeia
(UE) estabelecerá suas organizações através da tecnologia
computacional. Através de computadores da UE, cada pessoa
receberá um código de barras na mão direita ou na testa. O
código será a marca da besta. Todos os tipos de informação
pessoal de um indivíduo estarão em seu código de barras,
implantado em seu corpo. Com ele, o computador central
da UE poderá monitorar, assistir, inspecionar e controlar
detalhadamente a vida de todas as pessoas com o código de
barras em tudo o que fizerem.

Nossos cartões de crédito contemporâneos e carteiras de
identidade serão substituídos pela marca da besta, "666". Então,
as pessoas não precisarão de dinheiro ou cheques e nem terão de
se preocupar com o risco de perder seus bens ou serem roubadas.
É exatamente por esse forte argumento, inclusive, que a marca
da besta "666" se espalhará facilmente em todo o mundo, em
um curto período de tempo; e sem ela, ninguém conseguirá ser
identificado, mas também não conseguirá comprar ou vender
nada.

No início dos Sete anos da Grande Tribulação, as pessoas
receberão a marca da besta, mas sem serem forçadas. Apenas

recomendarão que o façam até que a UE se estabeleça firmemente. No entanto, no fim da primeira metade dos Sete anos, com a organização já estável, ela então obrigará todas as pessoas a receberem a marca e não perdoará àqueles que a recusarem. Portanto, a UE amarrará as pessoas a si com a marca da besta e as manipulará.

No fim, a maioria das pessoas que ficarão para os Sete anos da Grande Tribulação serão confinadas sob o domínio do anticristo e o governo da besta. Como esse anticristo será controlado pelo diabo, a UE fará com que os homens se oponham a Deus e sigam por caminhos maus, injustos, pecaminosos e de destruição.

Entretanto, é importante saber também que algumas pessoas não se renderão ao governo do anticristo. Estas serão aquelas que creram em Jesus, mas não foram arrebatadas em Sua volta, porque sua fé não era genuína. Haverá também outras que aceitarão Jesus Cristo no período da Grande Tribulação e também alguns judeus que se despertarão de seu sono espiritual ao testemunhar o Arrebatamento.

Quando testemunharem a realidade do Arrebatamento, perceberão que todas as palavras, tanto do Velho como do Novo Testamento, eram verdadeiras e lamentarão batendo no chão. Serão encontrados com grande temor, arrependimento por não terem vivido segundo a vontade de Deus e tentando achar uma maneira de serem salvos.

Um terceiro anjo os seguiu, dizendo em alta voz: "Se

alguém adorar a besta e a sua imagem e receber a sua marca na testa ou na mão, também beberá do vinho do furor de Deus, que foi derramado sem mistura no cálice da sua ira. Será ainda atormentado com enxofre ardente na presença dos santos anjos e do Cordeiro, e a fumaça do tormento de tais pessoas sobe para todo o sempre. Para todos os que adoram a besta e a sua imagem, e para quem recebe a marca do seu nome, não há descanso, dia e noite". Aqui está a perseverança dos santos que obedecem aos mandamentos de Deus e permanecem fiéis a Jesus (Apocalipse 14:9-12).

Quando alguém receber a marca da besta, será obrigado a obedecer ao anticristo, que se opõe a Deus. É por isso que a Bíblia enfatiza que quem receber a marca não poderá ser salvo. Durante a Grande Tribulação, aqueles que souberem desse fato e resistirem à marca mostrarão, dessa maneira, evidência de sua fé.

A identidade do anticristo será então claramente revelada. Ele categorizará como elementos impuros da sociedade aqueles que se opuserem à sua política e recusarem sua marca, isolando-os da sociedade acusando-os de quebrarem a paz social. Se resistirem, sofrerão severas perseguições e serão martirizados.

A Salvação pelo Martírio por Se Recusar Receber a Marca da Besta

As torturas para aqueles que resistirem à marca da besta

durante os Sete anos da Grande Tribulação serão inimagináveis. Como serão oprimentes demais de se suportar, poucos serão os que a elas resistirão e desfrutarão da última oportunidade de receber a salvação. Alguns dirão: "Não estou abandonando minha fé no Senhor. Eu ainda creio Nele de todo o meu coração. É que os tormentos são tão pesados que nego o Senhor só da boca pra fora, para me livrar deles. Deus me entenderá e me salvará", e então receberão a marca da besta. Entretanto, a salvação não poderá ser-lhes dada.

Há alguns anos atrás, enquanto estava orando, Deus me deu uma visão em que eu podia ver como alguns dos que ficaram para trás, para a Grande Tribulação, resistirão à marca da besta e serão atormentados. Era uma cena realmente horrível. Os torturadores arrancavam a pele, quebravam todas as juntas do corpo, cortavam dedos, braços, pernas e derramavam óleo quente nessas pessoas.

Durante a Segunda Guerra Mundial, massacres e torturas horríveis aconteceram e experiências médicas foram feitas em pessoas vivas. Contudo as torturas desse período não poderão se comparar às da Grande Tribulação. Depois do Arrebatamento, o anticristo, que é um com o inimigo, governará o mundo e não terá misericórdia ou compaixão de ninguém.

O diabo e as forças do anticristo persuadirão as pessoas a negar Jesus de todo jeito, a fim de fazê-las ir para o inferno.

Torturarão crentes, sem os matarem imediatamente, com métodos de tortura cruéis e assustadores. Todos os métodos de tortura já usados e aparelhos de tortura de última geração, cuja função é trazer pânico e muito sofrimento aos seus torturados, serão utilizados. Contudo, só persistirão com as torturas mais terríveis. As pessoas torturadas desejarão a morte, mas não poderão escolher morrer, pois o anticristo não as matará facilmente. Elas também saberão que quem comete suicídio jamais pode ser salvo.

Na visão que Deus me deu, a maioria das pessoas não conseguia suportar a dor das torturas e se sujeitava ao anticristo. Inicialmente, algumas delas pareciam suportar o sofrimento e aguentar as torturas com força de vontade, mas quando viam seus amados filhos ou pais sendo torturados da mesma maneira que estavam sendo, elas abandonavam toda sua resistência e se rendiam ao anticristo, recebendo a marca da besta.

Dentre as pessoas torturadas, pouquíssimas, que possuírem corações retos e cheios de verdade, é que superarão todos os terríveis sofrimentos e as astutas tentações do anticristo, morrendo como mártires. Portanto, aqueles que mantiverem sua fé através do martírio durante a Grande Tribulação poderão participar da parada da salvação.

O Caminho para a Salvação na Tribulação que Está Por Vir

Quando a Segunda Guerra Mundial começou, os judeus que viviam em paz na Alemanha nunca haviam imaginado que uma carnificina tão horrível de seis milhões de pessoas os aguardava. Ninguém sabia ou poderia ter predito que a Alemanha, que lhes havia fornecido paz e relativa estabilidade, fosse se transformar em uma força maléfica de repente, em tão pouco tempo. Naquela época, não sabendo o que estava acontecendo, os judeus nada podiam fazer para evitar tão grande sofrimento. Deus quer que o Seu povo escolhido consiga se safar do desastre, que está por vir em um futuro próximo. É por isso que Ele falou detalhadamente sobre o fim do mundo na Bíblia e tem feito com que homens de Deus avisem Israel dos tormentos futuros, a fim de despertá-los.

A coisa mais importante para Israel é saber que o desastre da Grande Tribulação acontecerá de qualquer maneira e, ao invés de escapar dele, ele pode acabar se encontrando no centro de tudo. O meu desejo é que vocês entendam que essa tribulação acontecerá em breve e virá como o ladrão, se não estiverem preparados. Vocês terão de despertar de seu sono espiritual, se quiserem escapar desse tão terrível acontecimento.

Agora é a hora de Israel se despertar! Eles têm de se arrepender de não haver reconhecido o Messias, aceitar Jesus Cristo como o Salvador de toda a humanidade, e possuir a fé genuína que Deus quer que tenham, para que possam ser felizmente arrebatados quando o Senhor voltar.

Quero encorajá-los a manter em mente que o anticristo aparecerá diante de vocês como um mensageiro de paz, assim como a Alemanha fez antes da Segunda Guerra Mundial.

Ele oferecerá paz e conforto, mas então, muito rápida e inesperadamente, se tornará uma grande força que terá crescido em poder e trará sofrimento e desastres que vão além da nossa imaginação.

Ouça e Assista!

Os Dez Dedos dos Pés

A Bíblia tem muitas passagens proféticas que estão para acontecer no futuro. Em particular, se olharmos para as profecias registradas nos livros dos grandes profetas do Velho Testamento, veremos que eles nos dizem não apenas o que acontecerá em relação a Israel, mas também ao mundo. Qual você acha que seja a razão para isso? O povo escolhido de Deus, Israel, está e estará no centro da história da humanidade.

A Grande Estátua Registrada na Profecia de Daniel

O Livro de Daniel profetiza não apenas sobre o futuro de Israel, mas também sobre o que acontecerá ao mundo nos últimos dias, em relação ao fim de Israel. Em Daniel 2:31-33, Daniel interpretou um sonho do Rei Nabucodonosor, pela inspiração de Deus, e a interpretação estava profetizando sobre o que aconteceria no fim dos tempos do mundo.

Tu olhaste, ó rei, e diante de ti estava uma grande estátua: uma estátua enorme, impressionante, e sua aparência era terrível. A cabeça da estátua era feita de ouro puro, o peito e o braço eram de prata, o ventre e os quadris eram de bronze, as pernas eram de ferro, e os pés eram em parte de ferro e em parte de barro (Daniel 2:31-33).

O que esses versículos têm a ver com o cenário mundial no fim dos tempos?

A "grande estátua" que o rei Nabucodonosor viu em seu sonho não é nada mais que a União Europeia. Hoje o mundo é controlado por duas forças: os Estados Unidos e a União É claro, porém, que as influências da Rússia e China não podem ser ignoradas. No entanto, os Estados Unidos da América e a União Europeia ainda continuarão sendo os poderes mais influenciadores do mundo, em esferas econômicas e militares. Atualmente, a UE parece estar um pouco fraca, mas ainda se expandirá cada vez mais. Hoje ninguém duvida disso. Até hoje os EUA têm sido exclusivamente a nação mais dominadora do mundo, mas aos poucos é a EU que se tornará mais dominante, passando os EUA.

Há apenas algumas décadas, ninguém imaginaria que os países da Europa conseguiriam se unir em um único sistema de governo. Obviamente, os países da Europa discutiram a União Europeia por bastante tempo, mas ninguém poderia ter certeza de que eles iriam transcender as barreiras de identidade nacional, língua, moeda dentre muitas outras, a fim de formarem um corpo unificado.

Ouça e Assista!

Contudo, começando a partir dos anos 80, os líderes dos países europeus iniciaram uma séria discussão sobre o assunto por causa de questões meramente econômicas. Durante a Guerra Fria, o fato mais importante para se dominar o mundo era a força militar, mas, depois de seu término, o fato mais importante passou a ser a força econômica.

A fim de se preparar para isso, os países europeus têm tentado se unir e, como resultado, se tornaram um, em uma união econômica. Agora, uma coisa que continua sendo feita é sua unificação política, unindo países dentro de um único sistema governamental, e a situação agora está incentivando tal coisa.

Aquela *"estátua enorme, impressionante, e sua aparência era terrível"*, da qual Daniel 2:31 fala, está profetizando o crescimento e atividade da União Europeia. Isso nos faz saber o quando a UE será forte.

A UE Passa a Ter Grande Poder

Como a UE conseguirá obter tão grande poder? De Daniel 2:32 em diante podemos ver a resposta para essa pergunta, ao observarmos o material com que a cabeça, peito, braços, barriga, coxas, pernas e pés da estátua são feitos.

Em primeiro lugar, o versículo 32 diz: *"a cabeça da estátua era feita de ouro puro"*. Isso profetiza que a UE crescerá economicamente e comandará o poder econômico através da acumulação de riquezas. Como profetizado aqui, a UE lucrará e terá ótimos ganhos com a união econômica.

Em segundo lugar, o mesmo versículo diz: *"o peito e o braço eram de prata"*. Isso simboliza que a UE parecerá social, cultural e politicamente unida. Quando um único e poderoso presidente for eleito para representar a UE, ele fará sua unidade política e eles então serão aparentemente unidos em aspectos também sociais e culturais. Entretanto, em um cenário de união ainda incompleta, cada membro procurará satisfazer seus próprios interesses.

Depois, vemos que *"o ventre e os quadris eram de bronze"*. Isso simboliza que a UE será também unida na questão militar. Cada país da União Europeia quer ter força econômica. Essa união militar se dará essencialmente com o propósito de se obterem vantagens econômicas, que são seu principal objetivo. A fim de se unirem para obter o controle do mundo através do poder econômico, não haverá outra escolha para os países, senão se unirem com a esfera social, cultural, política e militar da UE.

Por último, vemos que *"as pernas eram de ferro"*. Isso se refere a outro firme fundamento para fortalecer e apoiar a UE: a união religiosa. Em sua fase inicial, a UE declarará o catolicismo como sua religião oficial. Este se fortalecerá e se tornará o mecanismo de apoio para fortalecê-la e mantê-la.

Ouça e Assista!

Os Significados Espirituais dos Dez Dedos dos Pés

Quando a UE conseguir unificar muitos países dentro de sua influência econômica, política, social, cultural, militar e religiosa, ela vai exibir sua unidade e poder, mas depois, aos poucos, começará a vivenciar sinais de discórdia e divisão.

Em sua primeira fase, os países da UE estarão unidos por dar concessões uns aos outros, em troca de benefícios econômicos mútuos. Contudo, com o passar do tempo, surgirão diferenças sociais, culturais, políticas e ideológicas e a divisão se levantará em seu meio, com vários sinais. Enfim, surgirão também conflitos religiosos entre o catolicismo e o protestantismo.

Daniel 2:33 diz: *"e os pés eram em parte de ferro e em parte de barro"*. Isso significa que alguns dos dedos dos pés eram feitos de ferro e outros de barro. Os dedos não se referem aos "dez países da UE". Eles se referem aos "cinco países representantes do catolicismo e aos cinco representantes do protestantismo".

Assim como o ferro e o barro não podem se misturar ou se combinar, os países nos quais o catolicismo é dominante não podem se unir completamente com aqueles dominados pelo protestantismo, isto é, uns dominam os outros, mas eles nunca se misturam.

Enquanto os sinais de discórdia na UE estiverem aumentando, eles sentirão a crescente necessidade de unir os países na questão religiosa e o catolicismo ganhará mais poder em mais lugares.

Assim, em busca de benefícios econômicos, a União Europeia se formará nos últimos dias e então adquirirá grande poder. Mais tarde ela vai unificar sua religião, aderindo ao catolicismo, e sua unidade ficará ainda mais forte. Finalmente a UE será como um ídolo. Ídolos são objetos a serem adorados e reverenciados pelas pessoas. Nesse sentido, a UE liderará o fluxo mundial com grande poder e reinará sobre todo ele, como um poderoso ídolo.

A Terceira Guerra Mundial e a União Européia

Como dito anteriormente, quando nosso Senhor voltar nas nuvens, no fim dos tempos do mundo, inúmeros crentes serão arrebatados simultaneamente e um caos tremendo se espalhará por toda a terra. Enquanto isso, a União Europeia tomará o poder e dominará todo o mundo, em nome da manutenção da paz e ordem mundial por um curto período, mas depois se oporá ao Senhor e terá um significativo papel nos Sete Anos da Grande Tribulação.

Mais tarde, os membros da UE se separarão porque buscarão satisfazer seus próprios interesses. Isso acontecerá no meio dos Sete anos da Grande Tribulação, pois o seu começo, como profetizado no 12º capítulo do livro de Daniel, se dará de acordo com o fluir da história de Israel e a história do mundo.

Assim que os Sete anos da Grande Tribulação começarem, a UE ganhará cada vez mais poder e força. Elegerão então um único e poderoso presidente, e isso acontecerá logo depois que aqueles que aceitaram Jesus Cristo como Salvador e receberam o direito de serem feitos filhos de Deus forem instantaneamente transformados e arrebatados quando Ele voltar. A maioria dos judeus não receberá Jesus como Salvador e ficará na terra sofrendo assim nos Sete anos da Grande Tribulação. A miséria e horror desse período serão tão tremendos que vão além da nossa imaginação. A terra se encherá de coisas tristes como guerras, assassinatos, execuções, fomes, desastres e calamidades – tudo com mais extremidade, como nunca antes vivido pela humanidade.

O começo dos Sete anos da Grande Tribulação será sinalizado em Israel, pela guerra que nascerá entre ele e o Oriente Médio. Tensões excessivas têm durado muito entre Israel e o resto do Oriente Médio e disputas de fronteira nunca cessaram. No futuro, essas disputas piorarão. Uma séria guerra terá início, porque poderes mundiais interferirão em questões relacionadas a petróleo. Haverá disputas por títulos maiores e vantagens melhores em questões internacionais.

Os Estados Unidos, que têm sido um aliado tradicional de Israel por muito tempo, continuarão apoiando-o. A União Europeia, China e Rússia, que são contra os EUA, se aliarão com o Oriente Médio, desencadeando assim a III Guerra Mundial, entre as duas partes.

A Terceira Guerra Mundial será totalmente diferente da

Segunda em termos de escala. Na Segunda Guerra Mundial, mais de cinquenta milhões de pessoas foram mortas ou morreram por causa da guerra. Agora, o poder das armas modernas, incluindo bombas nucleares, armas químicas e biológicas, e muitas outras, não pode ser comparado ao poder bélico da Segunda Guerra Mundial, e as consequências de seu uso são inimaginavelmente prejudiciais.

Todos os tipos de armas, incluindo bombas nucleares e várias armas de última geração até hoje inventadas, serão usadas sem misericórdia, causando destruições indescritíveis e carnificinas. Os países que tiverem promovido a guerra serão completamente destruídos e empobrecidos. Mas esse não será o fim da guerra. Explosões nucleares desencadearão radioatividade, poluição, sérias mudanças climáticas e calamidades, que cobrirão toda a terra. Como resultado, todo o planeta vivenciará o inferno na terra.

No meio da guerra, eles pararão com os ataques nucleares, pois se continuassem usando armas nucleares, a existência de toda a humanidade seria ameaçada. Contudo, todas as outras armas e as grandes multidões de exércitos acelerarão a guerra. Os EUA, China e Rússia não conseguirão se recuperar dos danos sofridos.

A maioria dos países do mundo quase entrará em colapso, mas os EUA irão escapar do pior. Eles prometem seu apoio à China e à Rússia, mas durante a guerra, acabam não participando ativamente dos conflitos e não sofrem grandes perdas como os

Ouça e Assista!

países que participaram.

Quando muitos poderes, incluindo os EUA, sofrerem grandes perdas e perderem poder com a guerra, os EUA se tornarão a única aliança nacional mais poderosa e governará sobre todo o mundo. Inicialmente, eles simplesmente assistirão ao progresso da guerra e, quando outros países estiverem completamente destruídos tanto militar como economicamente, entrarão em cena e começarão a solucionar a guerra. Os países do mundo não terão outra escolha, senão seguir a decisão dos EUA, pois todos terão perdido todo o seu poder.

A partir desse ponto, começará a segunda metade dos Sete anos da Grande Tribulação e, para os próximos três anos e meio, o anticristo, que será o governador da UE irá controlar todo o mundo e se canonizar. Então ele torturará e perseguirá todos que se opuserem a eles.

A Verdadeira Natureza do Anticristo é Revelada

Nas primeiras fases da III Guerra Mundial, vários países terão sofrido grandes perdas por causa dela e os EUA lhes prometerão apoio econômico através da China e da Rússia. Israel terá sido sacrificado como o foco central da guerra e, nesse momento, os EUA prometerão construir o santo templo de Deus que Israel tanto tem esperado. Com esse apaziguamento por parte dos EUA, Israel sonhará com o avivamento da glória que desfrutavam com a bênção de Deus há muito tempo atrás. Como consequência, eles também se aliarão aos EUA.

Devido ao seu apoio a Israel, o presidente dos EUA será considerado o salvador dos judeus. Os longos conflitos no Oriente Médio parecerão ter um fim e eles mais uma vez restaurarão a Terra Santa e construirão o santo templo de Deus. Eles acreditarão que o Messias e seu rei, por quem eles estiveram esperando por tanto tempo, terá finalmente chegado e restaurará Israel completamente, glorificando-os.

Mas sua expectativa e alegria logo cairá por terra. Quando o santo templo de Deus for reconstruído em Jerusalém, algo inesperado irá acontecer. Isso foi profetizado no livro de Daniel.

Com muitos ele fará uma aliança que durará uma semana. No meio da semana ele dará fim ao sacrifício e à oferta. E numa ala do templo será colocado o sacrilégio terrível, até que chegue sobre ele o fim que lhe está decretado (Daniel 9:27).

Suas forças armadas se levantarão para profanar a fortaleza e o templo, acabarão com o sacrifício diário e colocarão no templo o sacrilégio terrível (Daniel 11:31).

Depois de abolido o sacrifício diário e colocado o sacrilégio terrível, haverá mil e duzentos e noventa dias (Daniel 12:11).

Esses três versículos fazem alusão a um único incidente. Trata-se do incidente que acontecerá no fim dos tempos. Jesus também falou sobre esse período em Mateus 24:15-16: *"Assim, quando vocês virem 'o sacrilégio terrível', do qual falou o profeta Daniel, no Lugar Santo – quem lê, entenda – então, os que estiverem na Judeia fujam para os montes ".*

Inicialmente, os judeus crerão que os EUA terão reconstruído o santo templo de Deus, na Terra Santa que eles consideram santa, mas quando a abominação for sobre o santo lugar, eles ficarão chocados e perceberão que sua fé estava errada o tempo todo. Eles verão que tiraram seus olhos de Jesus Cristo e que Ele é o seu Messias e o Salvador da humanidade.

É exatamente por isso que Israel precisa ser despertado agora. Se eles não se despertarem agora, eles não conseguirão entender a verdade no tempo adequado, mas tarde demais – o que seria irrevogável.

Assim, eu desejo muito que você, Israel, seja despertado para que não caia nas tentações do anticristo e receba a marca da besta. Se você for enganado pelas suaves e tentadoras palavras do anticristo, prometendo-lhe paz e prosperidade e receber a marca da besta, o "666", você será lançado no inferno e seguirá por um caminho irrevogável de morte eterna.

O mais deplorável é que só depois que a identidade da besta for revelada, como profetizado por Daniel, é que muitos dos judeus perceberão que o foco de sua fé estava errado. Através deste livro, espero que você aceite o Messias já enviado por Deus e escape dos Sete anos da Grande Tribulação.

Portanto, como já disse anteriormente, você, judeu, tem de aceitar Jesus Cristo e ter a fé que é aceitável aos olhos de Deus. Essa é a única maneira de você escapar dos Sete anos da Grande Tribulação. É uma pena que vocês não serão arrebatados, mas deixados para trás, depois da volta de Jesus, se não O aceitarem antes! Mas felizmente vocês ainda terão uma última chance de ser salvos.

Quero implorar-lhes com todas as minhas forças para aceitarem Jesus Cristo imediatamente e viverem em comunhão com seus irmãos e irmãs em Cristo. Entretanto, ainda não é tarde demais para vocês aprenderem através da Bíblia e deste livro, como podem guardar a sua fé na Grande Tribulação, que está por vir, e encontrar o caminho que Deus preparou para sua última oportunidade de serem salvos, e serem guiados por ele.

O Amor Infalível de Deus

Deus cumpriu Sua providência para a salvação humana através de Jesus Cristo e, independente de raça ou nação, qualquer que aceitá-Lo como seu Salvador e fizer a vontade de Deus será feito Seu filho e poderá desfrutar da vida eterna.

Mas o que aconteceu com Israel e seu povo? Muitos deles não aceitaram Jesus Cristo e ficaram longe do caminho da salvação. Que pena será se eles não perceberem que o caminho da salvação é Jesus Cristo, mesmo depois que Ele voltar e os filhos de Deus forem arrebatados!

Então, o que será de Israel, o povo escolhido de Deus? Será que eles serão excluídos do desfile dos filhos de Deus salvos? O Deus de amor preparou um maravilhoso plano para Israel a ser executado no último momento da história da humanidade.

Deus não é homem para que minta, nem filho de homem para que se arrependa. Acaso ele fala, e deixa de agir? Acaso promete, e deixa de cumprir? (Números 23:19)

Qual é a última providência que Deus planejou para Israel no fim dos tempos? Ele planejou um caminho para a "salvação de colheita" para seu escolhido, Israel, para que eles possam ser salvos, entendendo que o Jesus que eles crucificaram é definitivamente o Messias por quem eles tanto esperavam através do arrependimento de seus pecados diante de Deus.

A Salvação de Colheita

Durante os Sete anos da Grande Tribulação, como terão testemunhado muitas pessoas sendo arrebatadas e conhecerão a verdade, algumas pessoas que terão sido deixadas para trás acreditarão e aceitarão em seus corações o fato de que o céu e o inferno existem, que Deus vive e que Jesus Cristo é o nosso único Salvador. Além disso, elas tentarão não receber a marca da besta. Depois do Arrebatamento, elas se transformarão, lerão a palavra de Deus registrada na Bíblia, se reunirão e farão reuniões de culto a Deus, tentando viver segundo a Sua palavra.

No início da Grande Tribulação, as pessoas conseguirão ter vidas religiosas e até mesmo evangelizar outras, pois ainda não haverá nenhuma perseguição organizada. Elas escolherão não receber a marca da besta por já saberem que, se o fizerem, não serão salvas, e darão seu máximo para viverem vidas dignas de receber a salvação, mesmo durante a Grande Tribulação. No entanto, será realmente muito difícil para essas pessoas guardarem sua fé, pois o Espírito Santo não estará mais na terra. Muitas delas derramarão rios de lágrimas por não terem ninguém para dirigir os cultos e ajudá-las a aumentar sua fé.

Elas terão de guardar e manter sua fé por conta própria, sem a proteção e força de Deus. Lamentarão por não ter seguido o ensinamento da palavra de Deus, apesar de lhes terem falado sobre Jesus e que elas deveriam aceitá-Lo e levar vidas fiéis na fé Nele. Terão de manter sua fé sob todos os tipos de provações e perseguições neste mundo, onde encontrarão dificuldade até em encontrar a verdadeira palavra de Deus.

Algumas dessas pessoas se esconderão em montanhas remotas, a fim de não receberem a marca da besta, o '666'. Terão de procurar raízes de plantas e árvores e matar animais para terem o que comer, já que não conseguirão comprar ou vender nada sem a marca. Todavia, na segunda metade da Grande Tribulação, por três anos e meio o exército do anticristo vasculhará atenciosamente todos os cantos em busca de crentes. Não importará em qual montanha remota eles se esconderão – serão encontrados e levados pelo exército.

O governo da besta pegará aqueles que não receberam sua marca e os obrigará a negar o Senhor e a receber a marca através de severas torturas. Finalmente, muitos se renderão diante de um insuportável sofrimento e aflição e não terão outra escolha senão receber a marca.

O exército os pendurará nus em uma parede e os ferirá com lâminas afiadas. Tirarão a pele de todo o corpo, da cabeça aos pés. Torturarão crianças diante de seus olhos. As torturas serão tão cruéis que será realmente difícil de as pessoas morrerem como mártires.

É por isso que apenas poucas pessoas conseguirão aguentar todas as torturas com forte força de vontade, transcendendo os limites da força humana e morrerão como mártires alcançando a salvação. Portanto, algumas pessoas serão salvas guardando sua fé sem trair o Senhor e sacrificando suas vidas no martírio sob o controle do anticristo durante a Grande Tribulação. Isso é chamado de "A salvação de Colheita".

Deus tem profundos segredos preparados para a salvação de colheita de Seu povo escolhido, Israel. Trata-se de Duas Testemunhas e o lugar, Petra.

A Aparência e o Ministério das Duas Testemunhas

Apocalipse 11:3 diz: *"Darei poder às minhas duas testemunhas, e elas profetizarão durante mil duzentos e sessenta dias, vestidas de pano de saco"*. As duas testemunhas são todas as pessoas que Deus destinou em Seu plano, desde o início dos tempos para salvar Seu povo escolhido, Israel. Elas testemunharão aos judeus em Israel que Jesus Cristo é o único Messias que tinha sido profetizado no Velho Testamento.

Deus falou comigo a respeito dessas Duas testemunhas. Ele me explicou que não são tão de idade, caminham em retidão e possuem corações retos. Ele me fez saber os tipos de confissões que uma delas fez perante Ele. Sua confissão diz que ela cria no judaísmo, mas soube que muitos criam em Jesus Cristo como o Salvador e falam Dele. Então, está orando a Deus para que Ele a ajude a discernir o que é correto e verdadeiro, dizendo:

"Oh! Deus!

O que há de errado em meu coração?
Cria que todas as coisas que havia aprendido de meus pais,
Desde que eu era criança, fossem verdade
Mas o que são essas dúvidas agora em meu coração?

Muitos falam sobre o Messias.

Mas se alguém ao menos pudesse me mostrar
Em alto e bom tom e com claras evidências
Se está certo crer nisso,
Ou crer somente no que tenho aprendido desde pequeno,
Eu ficaria muito grato.

Porém, não vejo nada,
E para seguir o que aquelas pessoas estão falando,
Tenho de considerar tudo que eu tenho guardado
desde a infância
como coisas insignificantes e bobas,
O que é realmente certo aos Teus olhos?

Pai!
Se desejas,
Mostra-me uma pessoa

Que possa esclarecer-me e explicar-me tudo.
Faze com que ela venha até mim e me ensine
O que é realmente certo e qual é a real verdade.

Quando olho para o céu,
Sinto isso em meu coração,
E se alguém pode resolver esse problema,
Por favor, faze-me conhecer essa pessoa.

Não posso trair todas as coisas que tenho aprendido,
E enquanto reflito sobre todas essas coisas,
Se há alguém que pode me ensinar e mostrá-las a mim,
Se ao menos pudessem me mostrar que isso é a verdade,
Então não estaria traindo todas as coisas que aprendi e vi.

Portanto, Pai!
Por favor, mostra-me a verdade.

Dá-me o entendimento de todas essas coisas.

Tenho dúvidas sobre tantas coisas.
Creio que todas as coisas que ouvi até agora sejam verdade.

Mas, enquanto penso nelas de novo e de novo,
Surgem muitas perguntas e minha sede não é saciada.
Por quê?

Assim, se ao menos eu pudesse ver todas essas coisas
E ter certeza delas;
Se ao menos eu pudesse ter certeza de que não estaria traindo
O caminho no qual tenho andado até agora,
Se ao menos eu pudesse ver qual é a verdade de fato;
Se ao menos pudesse saber de todas essas coisas
Nas quais tenho pensado;
Então poderia ter paz em meu coração".

Duas testemunhas, que são judias, estão em profunda busca pela pura verdade e Deus lhes responderá enviando-as a um homem de Deus. Através deste, elas entenderão a providência Dele para a cultivação humana e aceitarão Jesus Cristo. Ficarão na terra durante os Sete anos da Grande Tribulação e executarão o ministério para o arrependimento e salvação de Israel. Receberão um poder especial de Deus e testemunharão sobre Jesus Cristo.

Santificar-se-ão completamente aos olhos de Deus e farão seu ministério por quarenta e dois meses, como escrito em Apocalipse 11:2. O motivo de as Duas Testemunhas virem de Israel é porque o começo e o fim do evangelho é Israel. O evangelho foi espalhado pelo mundo pelo apóstolo Paulo e, agora, quando o evangelho alcançar Israel – que foi ponto de partida – então tudo estará completo.

Em Atos 1:8 Jesus disse: *"Mas receberão poder quando o Espírito Santo descer sobre vocês, e serão minhas testemunhas em Jerusalém, em toda a Judeia e Samaria, e até os confins da terra ".* Os "confins da terra" aqui se referem a Israel, que é o destino final do evangelho.

As Duas Testemunhas pregarão a mensagem da cruz aos judeus e lhes explicarão sobre o caminho da salvação com o poder de fogo de Deus. Operarão incríveis maravilhas e sinais miraculosos, confirmando sua mensagem. Terão poder para fechar os céus para que a chuva não caia nos dias de suas profecias; poder sobre as águas, para transformá-las em sangue; e também para atingir a terra com todo tipo de praga, quando desejarem.

Com isso, muitos judeus se voltarão ao Senhor, mas ao mesmo tempo alguns tentarão matar as Duas Testemunhas. Não apenas judeus, mas também muitas pessoas más de outros países, sob o controle do anticristo, odiarão intensamente as Testemunhas e as perseguirão.

O Martírio e a Ressurreição das Duas Testemunhas

O poder que as Duas Testemunhas terão será tão grande que ninguém ousará prejudicá-las. Finalmente, as autoridades da nação participarão de seu assassinato. Contudo, a razão de as Duas Testemunhas conhecerem a morte não é por causa das autoridades da nação, mas porque é da vontade de Deus que elas sejam martirizadas no tempo devido. O lugar onde isso ocorrerá será o lugar onde Jesus foi crucificado, e isso já implica em sua ressurreição.

Quando Jesus foi crucificado, os soldados romanos guardaram

Seu túmulo, para que ninguém pudesse levar o Seu corpo dali. Porém, Seu corpo não foi mais visto depois, pois Ele ressuscitou. As pessoas que irão matar as Duas Testemunhas lembrarão disso e se preocuparão com o fato de alguém poder ir e roubar seus corpos. Então, não permitirão que seus corpos sejam colocados em um túmulo, mas os colocarão nas ruas, para que as pessoas do mundo possam vê-los. As pessoas más se regozijarão muito ao verem isso acontecendo.

O mundo inteiro se alegrará e celebrará, e a mídia divulgará a notícia da morte das Duas Testemunhas por todo o globo por satélites por três dias e meio. Depois desses dias as Testemunhas ressuscitarão. Receberão vida e subirão aos céus em uma nuvem de gloria, assim como Elias subiu em redemoinhos. Essa cena surpreendente será também transmitida a todo o mundo e inúmeras pessoas a ela assistirão.

Então haverá um grande terremoto, um décimo da cidade cairá, e sete mil pessoas morrerão. Apocalipse 11:3-13 descreve isso detalhadamente:

> *Darei poder às minhas duas testemunhas, e elas profetizarão durante mil duzentos e sessenta dias, vestidas de pano de saco. Estas são as duas oliveiras e os dois candelabros que permanecem diante do Senhor da terra. Se alguém quiser causar-lhes dano, da boca deles sairá fogo que devorará os seus inimigos. É assim que deve morrer qualquer pessoa que quiser causar-lhes*

dano. Estes homens têm poder para fechar o céu, de modo que não chova durante o tempo em que estiverem profetizando, e têm poder para transformar a água em sangue e ferir a terra com toda sorte de pragas, quantas vezes desejarem. Quando eles tiverem terminado o seu testemunho, a besta que vem do Abismo os atacará. E irá vencê-los e matá-los. Os seus cadáveres ficarão expostos na rua principal da grande cidade, que figuradamente é chamada Sodoma e Egito, onde também foi crucificado o seu Senhor. Durante três dias e meio, gente de todos os povos, tribos, línguas e nações contemplarão os seus cadáveres e não permitirão que sejam sepultados. Os habitantes da terra se alegrarão por causa deles e festejarão, enviando presentes uns aos outros, pois esses dois profetas haviam atormentado os que habitam na terra. Mas, depois dos três dias e meio, entrou neles um sopro de vida da parte de Deus, e eles ficaram em pé, e um grande terror tomou conta daqueles que os viram. Então eles ouviram uma forte voz dos céus que lhes disse: Subam para cá. E eles subiram para os céus numa nuvem, enquanto os seus inimigos olhavam. Naquela mesma hora houve um forte terremoto, e um décimo da cidade ruiu. Sete mil pessoas foram mortas no terremoto; os sobreviventes ficaram aterrorizados e deram glória ao Deus dos céus.

Independente do quão teimosas forem, se tiverem um mínimo

Ouça e Assista!

de bondade que seja em seus corações, as pessoas entenderão que aquele grande terremoto e a ressurreição e ascensão das Duas Testemunhas foram obras de Deus e O glorificarão. Sentir-se-ão então obrigadas a reconhecer o fato de que Jesus foi ressuscitado pelo poder de Deus há 2.000 anos. Contudo, mesmo diante de tudo isso, algumas pessoas más não darão glória a Deus.

Encorajo todos vocês a aceitarem o amor de Deus. Ele quer até o último momento que vocês ouçam as Duas Testemunhas. Elas testemunharão com Seu grande poder e despertarão muitos, fazendo-os cientes do amor de Deus por eles. Ajudarão vocês a agarrar sua última oportunidade de serem salvos.

Peço muito a vocês que não fiquem do lado do inimigo, que pertence ao diabo e os guiará por um caminho de destruição, mas ouçam as Duas Testemunhas e sejam salvos.

Petra, Um Refúgio para os Judeus

O outro segredo que Deus destinou ao Seu eleito, Israel, é Petra, um refúgio que terão nos Sete anos da Grande Tribulação. Isaías 16:1-4 fala sobre esse lugar:

Enviem cordeiros como tributo ao governante da terra, desde Selá, atravessando o deserto, até o monte Sião. Como aves perdidas, lançadas fora do ninho, assim são os habitantes de Moabe nos lugares de passagem do

Arnom. "Dá conselhos e propõe uma decisão. Torna a tua sombra como a noite em pleno meio-dia e esconde os fugitivos; não deixes ninguém saber onde estão os refugiados. Que os fugitivos moabitas habitem contigo; sê para eles abrigo contra o destruidor". O opressor há de ter fim, a destruição se acabará e o agressor desaparecerá da terra.

A terra de Moabe indica a terra da Jordânia, ao leste de Israel. Petra é um sítio arqueológico no sudoeste da Jordânia, parte do Monte Hor, em uma bacia entre as montanhas que formam o flanco leste de Araba (Wadi Araba) – o grande vale que vai do Mar Morto até o Golfo de Aqaba. Petra é geralmente identificada como Selá, que também significa rocha, nas referências bíblicas em 2 Reis 14:7 e Isaías 16:1.

Depois que o Senhor voltar, Ele receberá os salvos e desfrutará dos Sete anos do Banquete de Casamento com eles. Depois, voltará à terra com eles e governará o mundo por um Milênio. Durante os Sete anos depois da volta do Senhor para o Arrebatamento, a Grande Tribulação cobrirá toda a terra e, na segunda metade desses sete anos (1.260 dias), o povo de Israel se esconderá no lugar que lhes foi preparado por Deus. Esse lugar é Petra (Apocalipse 12:6-14).

Então, por que os judeus precisarão desse lugar para se esconderem?

Depois que Deus escolheu o povo de Israel, Israel tem sido atacado e perseguido por inúmeras raças gentias, já que o inimigo que sempre se opõe a Ele, tem tentado prejudicar Israel e impedi-lo de receber a bênção de Deus. O mesmo ocorrerá no fim dos tempos. Quando os judeus perceberem, através da Grande Tribulação, que o seu Messias e Salvador é Jesus, que veio à terra há 2.000 anos atrás, e tentarem se arrepender, o diabo os perseguirá, tentando impedi-los de manter a fé.

Deus, que sabe de todas as coisas, preparou, pois, um refúgio para Seu escolhido, Israel, através do qual Ele demonstrará o Seu amor por eles sem medir forças. Segundo esse amor e plano de Deus, Israel irá para Petra para escapar de seus destruidores.

Como Jesus disse em Mateus 24:16: *"então, os que estiverem na Judeia fujam para os montes"*, os judeus conseguirão escapar dos Sete anos da Grande Tribulação, escondendo-se nas montanhas e guardando sua fé, a fim de alcançarem lá a sua salvação.

Quando o anjo da morte matou os primogênitos do Egito, os hebreus comunicaram entre si em secreto e escaparam de tal praga, colocando sangue de cordeiro na viga superior e nas laterais das portas.

Da mesma maneira, os judeus rapidamente comunicarão entre si sobre onde ir e irão para seu refúgio, antes de o governo do anticristo começar a prendê-los. Terão ouvido falar de Petra, pois muitos evangelistas terão continuamente testemunhado sobre tal refúgio e mesmo aqueles que antes não criam mudarão de idéia e procurarão esse lugar.

O refúgio não conseguirá acomodar muitas pessoas. Na verdade, muitas que terão se arrependido com as Duas Testemunhas não conseguirão se esconder em Petra, mas guardarão sua fé na Tribulação e morrerão como mártires.

O Amor de Deus Através das Duas Testemunhas e Petra

Queridos irmãos e irmãs, você perdeu a chance de ser salvo e não foi arrebatado? Então não hesite em ir para Petra, a última chance para a sua salvação dada pela graça de Deus. Em breve horríveis desastres virão com o anticristo. Vocês precisam se esconder em Petra, antes que a porta da última graça seja fechada pela interrupção do anticristo.

Não conseguirão entrar em Petra? Então, o único modo de serem salvos e irem para o céu é não negar o Senhor e não receber a marca da besta, "666". Você precisará suportar todos os tipos de assustadoras torturas a que será submetido e morrer como mártir. Isso não é fácil mesmo, mas você precisa fazê-lo, se quiser se safar dos eternos tormentos do lago de fogo.

Desejo, de todo o meu coração, que você não saia do caminho da salvação. Lembre-se do infalível amor de Deus o tempo todo e suporte tudo com coragem. Enquanto estiver lutando contra todos os tipos de tentação e perseguição feitas a você pelo anticristo, nós, seus irmãos e irmãs na fé, estaremos orando fervorosamente por seu triunfo.

Porém, o nosso verdadeiro desejo é que você possa aceitar Jesus Cristo, antes que todas essas coisas aconteçam e seja arrebatado juntamente conosco para o Banquete de Casamento, quando nosso Senhor voltar. Estamos orando incessantemente com lágrimas de amor, para que Deus possa se lembrar das atitudes de fé de seus pais e da aliança que Ele fez com eles e lhes dê a graça da salvação novamente.

Em Seu grande amor, Deus preparou as Duas Testemunhas e Petra para que você possa aceitar Jesus Cristo como o Messias e Salvador – único caminho para a salvação. Tentarei, até o último momento da história da humanidade, lembrá-lo desse amor infalível de Deus que nunca desistirá de você.

Antes de enviar-lhes as Duas Testemunhas em preparação para a Grande Tribulação, o Deus de amor enviou um homem de Deus e fez com que ele lhes dissesse o que aconteceria no fim dos tempos do mundo, levando-os pelo caminho da salvação. Deus não quer que nenhum de vocês fique para os Sete anos da Tribulação; e se você ficar na terra depois do Arrebatamento, Ele quer que você agarre a última oportunidade que terá de ser salvo. Esse é o grande amor de Deus.

Não demorará muito até que os Sete anos da Grande Tribulação comecem. Nessa maior tribulação de toda a história da humanidade, o nosso Deus cumprirá o Seu plano de amor por

Israel. A história da cultivação humana será completa juntamente com o fechamento da história de Israel.

Suponha que os judeus entendessem a verdadeira vontade de Deus e aceitassem Jesus como seu Salvador neste momento. Então, mesmo se a história de Israel registrada na Bíblia tivesse de ser corrigida e reescrita, Deus o faria com todo o prazer, pois Seu amor por Israel vai além do que conseguimos imaginar. Contudo, muitos judeus seguiram, seguem e seguirão seus próprios caminhos, até se virem em um momento crítico. O Deus Todo Poderoso, que sabe de todas as coisas que estão para acontecer, destinou a última chance para a sua salvação e o guia com Seu perfeito amor.

Vejam, eu enviarei a vocês o profeta Elias antes do grande e temível dia do SENHOR. Ele fará com que os corações dos pais se voltem para seus filhos, e os corações dos filhos para seus pais; do contrário, eu virei e castigarei a terra com maldição (Malaquias 4:5-6).

Agradeço completamente a Deus, que guia não somente a Israel, seu escolhido, mas também a todos os povos e nações da terra, pelo caminho da salvação, com Seu infinito amor.

173
Ouça e Assista!

O Autor:

Dr. Jaerock Lee

Dr. Jaerock Lee nasceu em Muan, Província Jeolla Sul, República da Coréia do Sul, em 1943. Aos vinte anos, Dr. Lee sofria de várias doenças incuráveis. Por sete anos seguidos esperou a morte sem esperança de recuperação. Um dia, durante a primavera de 1974, foi levado por sua irmã a uma Igreja e, quando se ajoelhou para orar, o Deus vivo imediatamente o curou de todas as enfermidades.

No momento em que Dr. Lee conheceu o Deus vivo através daquela incrível experiência, ele amou a Deus com todo o seu coração e sinceridade e, em 1978, foi chamado para ser servo de Deus. Ele orava tão fervorosamente que podia entender claramente a vontade de Deus e cumpri-la totalmente. Ele obedeceu à Palavra de Deus. Em 1982, fundou a Igreja Manmin Joong-ang, em Seul, Coréia do Sul. Inúmeras obras, incluindo curas milagrosas e maravilhas, tomaram lugar naquela Igreja.

Em 1986, Dr. Lee foi consagrado pastor na Assembléia Anual da Igreja Sungkyul e, quatro anos depois, em 1990, seus sermões foram transmitidos para Austrália, Estados Unidos, Rússia, Filipinas e muitos outros locais ao longo da Companhia de Transmissão do Extremo Oriente, a Estação de Transmissão Asiática e o Sistema de Rádio Cristão de Washington.

Três anos depois, em 1993, a Igreja Central Manmin Joong-ang foi escolhida uma das "Cinqüenta maiores Igrejas do Mundo" pela revista *Christian World* e o Dr. Lee recebeu o Doutorado Honorário em Divindade pela Escola da Fé Cristã, na Flórida, Estados Unidos. Em 1996, tornou-se P.H.D em Ministério pelo Seminário Teológico de Kingsway, em Iowa, nos Estados Unidos. Desde 1993 Dr. Lee tem liderado a evangelização mundial através de muitas cruzadas internacionais na Tanzânia, Argentina, Los Angeles, Baltimore City, Havaí, Nova Iorque, Uganda, Japão, Paquistão, Quênia, Filipinas, Honduras, Índia, Rússia, Alemanha, Peru, República Democrática do Congo, Israel, e Estônia.

Em 2002, foi chamado de "pastor internacional" pelos maiores jornais cristãos da Coréia, por seu trabalho nessas cruzadas. Em especial, sua 'Cruzada de Nova Iorque 2006' realizada na Madison Square Garden, arena mais famosa do mundo, foi transmitida a 220 nações; e em sua 'Cruzada Unida de Israel 2009' realizada no Centro Internacional de Convenções em Jerusalém, ele proclamou corajosamente que Jesus Cristo é o Messias e o Salvador. Seu sermão é transmitido a 176 nações via satélites incluindo a GCN TV, e ele foi listado como um dos 10 Líderes Cristãos Mais Influentes de 2009 e 2010 pela popular revista russa *In Victory* e pelo *Christian Telegraph* por seu poderoso ministério de transmissão televisiva e pastoreamento internacional.

Conforme dados de maio de 2013, a Igreja Central Manmin tem uma congregação de mais de 120.000 membros. São 10,000 congregações e 56 congregações domésticas espalhadas pelo país e pelo mundo. Até hoje, mais de 129 missionários já foram enviados a 23 países, incluindo os Estados Unidos, Rússia, Alemanha, Canadá, Japão, China, França, Índia, Quênia e muitos outros.

Até hoje, Dr. Lee já escreveu 85 livros, incluindo os Best Sellers *Experimentando a Vida Eterna antes da Morte; Minha Fé Minha Vida I & II; A Mensagem da Cruz; A Medida da Fé; Céu I & II; Inferno* e *O Poder de Deus*. Suas obras foram traduzidas para mais de 76 línguas.

Suas colunas cristãs estão nos jornais *The Hankook Ilbo, The Chosun Ilbo, The JoongAng Daily, The Dong-A Ilbo, The Munhwa Ilbo, The Seoul Shinmun, The Kyunghyang Shinmun, The Korea Economic Daily, The Korea Herald, The Shisa News,* e *The Christian Press.*

O Dr. Lee é atualmente líder de várias organizações missionárias e associações: diretor na The United Holiness Church of Jesus Christ, o Jornal de Evangelização da Nação, Presidente na Missão Mundial de Manmin, Presidente Vitalício da Assosição Missão Mundial de Avivamento do Cristianismo; Presidente e Fundador da Rede Global Cristã (GCN), Fundador e Membro da Diretoria da Rede Mundial de Médicos Cristãos (WCDN); e Fundador e Membro da Diretoria do Seminário Internacional de Manmin (MIS).

Céu I & II

Um esboço detalhado dos ambientes maravilhosos que os cidadãos do céu desfrutam e as lindas descrições dos diferentes níveis dos reinos celestiais.

Minha Vida Minha Fé I & II

Uma história comovente de como a fé verdadeira supera todo tipo de tribulação e atrai as obras de fogo do Espírito Santo na igreja.

A Mensagem da Cruz

Uma poderosa mensagem para despertar todas as pessoas que estão dormindo espiritualmente. Nesse livro podemos ver porque Jesus é o único Salvador e encontrar o verdadeiro amor de Deus.

A Medida da Fé

Que tipo de lar celestial, coroa e recompensa estão preparados para você no céu? Esse livro fornece, com sabedoria, meios para você medir sua fé e cultivá-la de modo a torná-la melhor e mais madura.

Inferno

Uma mensagem profunda de Deus, que não deseja que nem uma alma sequer vá para as profundezas do inferno, a toda a humanidade! Você descobrirá coisas nunca antes reveladas sobre a cruel realidade do Ades e do inferno.